丛书主编　张庆宗

如何有效组织课堂教学

陶涛　著

丛书主编：张庆宗

丛书编委：张庆宗　王家芝　王志茹

　　　　　陶　涛　胡雪飞　余才胜

WUHAN UNIVERSITY PRESS

武汉大学出版社

图书在版编目(CIP)数据

如何有效组织课堂教学/陶涛著. —武汉:武汉大学出版社,2015.8
全国基础教育外语教师丛书
ISBN 978-7-307-16327-0

Ⅰ.如… Ⅱ.陶… Ⅲ.外语教学—课堂教学—教学研究—中小学
Ⅳ.G633.402

中国版本图书馆 CIP 数据核字(2015)第 154084 号

封面图片为上海富昱特授权使用(ⓒ IMAGEMORE Co., Ltd.)

责任编辑:谢群英　　　责任校对:汪欣怡　　　版式设计:马　佳

出版发行:**武汉大学出版社**　　(430072　武昌　珞珈山)
　　　　　(电子邮件:cbs22@ whu. edu. cn 网址:www. wdp. com. cn)
印刷:武汉中远印务有限公司
开本:720×1000　1/16　印张:10.5　字数:150 千字　插页:1
版次:2015 年 8 月第 1 版　　　2015 年 8 月第 1 次印刷
ISBN 978-7-307-16327-0　　　定价:25.00 元

总　序

　　为了提高中小学教师的专业素质和基础教育质量，1996 年 4 月，国务院学位委员会通过决议设置教育硕士专业学位（Ed. M），并于 1997 年开始招生试点工作。教育硕士专业学位是具有特定教育职业背景的专业性学位，主要培养面向基础教育教学和管理工作需要的高层次人才。教育硕士专业学位在我国的设置，为中小学教师获取研究生学位开辟了渠道。教育硕士培养的目的是培养具有现代教育观念，具备较高理论素养与实践能力的教育管理干部和骨干教师。

　　教育硕士学位获得者应具有良好的职业道德，既要掌握某门学科坚实的基础理论和系统的专业知识，又要懂得现代教育基本理论和学科教学或教育管理的理论及方法，具有运用所学的理论和方法解决学科教学或教育管理实践中存在的实际问题的能力。

　　湖北大学于 2006 年开始正式招收教育硕士，学院也于 2006 年起招收英语学科方向的教育硕士，迄今为止共招收、培养了三百多名中小学英语教师。在教学、培养过程中，我们严格按照教育硕士的培养目标，认真执行教学大纲，以切实提高中小学英语教师的理论素养和教学能力。多年来，参与教育硕士（英语）教学与培养的教师认真研读《义务教育英语课程标准》，积极探索中小学英语教学的规律，广泛深入中小学课堂，在全面了解中小学英语教师实际需求的基础上，不断完善教学计划，适时调整教学内容和教学步骤，有针对性地开展教学活动，教学效果受到了学员的一致好评。经过这些年的沉淀，参与教育硕士（英语）培养的教师在基础英语教育方面积累了一定的经验。自"中小学教师国家级培训计划"（简称"国培计划")实施以来，这些教师又同时承担了"国培计划"中小学教师的培训工作，与更多来自教学一线的教师近距离接触，倾听他们的呼声，了解他们的需求，深切地感受到基础教育外语教师对教学理论知识的渴求、对教学实践指导的期待。如何引领他们进入知识的殿堂，用理论为他们装上双翼，让他们自由地遨游在教学实践的广阔天地里，一直是我们思考的问题。

然而，在教学过程中，我们发现市场上没有为教育硕士，尤其是没有为英语学科方向的教育硕士编写的教材和读本可以参照，鉴于目前基础阶段外语教育参考书目极其匮乏的现状，我们决定编写一套基础教育外语教师丛书，以丰富基础外语教学研究，指导中小学英语教师的教育教学实践。在武汉大学出版社的大力支持下，"全国基础教育外语教师丛书"得以顺利出版问世。

该套丛书由第一辑6本单册组成，它们是《如何成为优秀的外语教师》、《外语教学研究方法》、《英语课程设计》、《如何有效组织课堂教学》、《英语学习策略》、《英语教学法》。这6本书分别探讨了优秀外语教师必须具备的素质、外语教师如何做科研、外语教师如何设计英语课程、外语教师如何有效组织课堂教学、学习者应掌握的英语学习策略、教师应了解的英语教学流派和方法等方面的内容。该套丛书旨在为外语研究生和教育硕士(英语)的培养打下良好的基础，为他们顺利地入职做好积极的准备，也为参加在职培训的中小学外语教师提供一定的理论指导。

《如何成为优秀的外语教师》在介绍英语课程标准的目标、性质和教学理念的基础上，论述了优秀的外语教师应该具备的素质。笔者从教学心理的视角详细论述了优秀外语教师需具备的知识基础和教学能力，影响优秀教师成长的认知心理和情感心理，并指出优秀外语教师专业发展的路径。该书作为教育硕士(英语)和中小学外语教师的阅读文本，对他们如何有效地获得专业发展，快速成长为优秀教师具有一定的指导意义。

《外语教学研究方法》系统介绍外语教学研究的理论、方法、研究设计、数据采集和数据分析，并以外语教学中相关选题的研究为例，详细介绍了如何通过行动研究的方法解决教育教学实践中的实际问题。该书旨在帮助教育硕士(英语)和中小学外语教师增强问题意识和研究意识，引导他们学习和掌握外语教学研究的科研方法，以提高其科研能力和水平。

《英语课程设计》以英语课程设计的理论为基础，系统介绍英语课程设计的整个过程：需求分析、教学目标设定、教学大纲设计、教材开发、教学实施和课程评估。每个阶段的呈现都配备相关的案例分析。案例的选择来源于对中、小学英语课程设计各个环节的调查、研究和实践的结果。该书旨在帮助教育硕士(英语)和中小学外语教师在分析学生的需求、设计课程教学大纲、开发教材、评价学习效果以及评估课程等诸方面积累一定的理论和实践经验，使教师能够胜任课程设计和教材开发等工作。

《如何有效组织课堂教学》将介绍有效课堂教学的基本特征，并以案例分析的形式讨论影响教学效果的行为方式。这些行为方式主要包括讲解方式，引起学生注意和兴趣的方式，鼓励学生参与课堂的方式，教师组织教学的方式，教学评价的方式，保持融洽的师生关系等。该书还将推荐教学行为和教学效果量表，并介绍如何利用量表来反思和促进教学。希望本书能帮助教师改善课堂教学行为，有效组织课堂教学，以提高教学效果。

《英语学习策略》系统介绍了语言学习策略的理论背景、发展历程以及定义、功能、特征和结构框架等，并介绍了对语言学习策略进行调查和培养的方法。作者还论述了英语听、读、说、写技能的学习策略，以及学习词汇、语音、语法的策略，在论述中作者配以大量研究案例进行分析。除此之外，作者介绍了国内外自主学习的研究现状，如自主学习与学习策略的关系、策略教学方法以及国内外策略培养模式和常用的策略培训手段等。该书将指导教育硕士(英语)和中小学外语教师有效地进行英语学习策略教学。

《英语教学法》介绍和评述了外语教学法的主要流派，探讨了英语教学法的理论基础，重点讨论了语音、语法、词汇三大语言要素和听、说、读、写四项语言技能的教学方法以及外语教学的评估与测试。该书还探讨了语言教学中的文化教学问题、教案编写的方法以及教育资源与技术的开发和利用。该书旨在为教育硕士(英语)和中小学外语教师提供教学理论支撑，使之能够自觉地将教学理论和方法应用到教学实践中去。

"全国基础教育外语教师丛书"主旨明确、内容全面、结构合理，与基础教育阶段外语教育教学实践密切联系，丛书的出版对于提升基础阶段外语教师的理论水平和教学实践能力，对中小学外语教师队伍整体素质的提高，对提高基础阶段外语教学质量，必将起到积极的促进作用。

在此，我们衷心感谢武汉大学出版社的大力支持，特别感谢武汉大学出版社谢群英女士对该套丛书的精心策划和悉心指导。

张庆宗

湖北大学外国语学院

2014 年春天

前　　言

　　如果以 1862 年京师同文馆的成立为起点，我国英语教学的历史已达 150 年之久。多年来，课堂教学始终是英语学习、培养英语人才的主要渠道。在我国，英语是作为一门外语，而非第二语言存在，对相当多的学生而言，一旦离开课堂，他们就很少有机会接触到英语。在这样缺乏自然习得环境的背景下，课堂教学对英语学习而言显得尤为重要。课堂既是学生学习英语知识和技能的地方，同时也是运用英语的主要环境。英语，既是学习的对象，学习的内容，又是学习的工具或者沟通的媒介，也就是说，学生要用英语来学习英语，要通过使用英语而达到学会英语。英语的这种双重身份对课堂教学提出了很大的挑战。比如，英语教学中，我们提倡用英语来教授英语，希望借此创造自然习得英语、运用英语的环境；但因为学生语言水平的限制以及教师自身语言能力的限制，学生在理解教师用英语讲授的内容时，难免需要更长的时间，而且获取信息的准确性也可能会打折扣；如果一段时间内学生听不懂教师用英语讲授的内容，甚至听不懂教师用英语发出的参与学习活动的指令，学生会渐渐失去学习英语的兴趣；同时，教师为了节约时间和保证学生对知识的准确理解，也会渐渐放弃英语而转向母语教学。如此以来，学生在课堂上接触较为自然的英语的机会又会大大缩减。那么，如何为学生营造一个可以接受的英语学习环境，给学生创造尽可能多的、尽可能自然的使用英语的机会，就成为英语课堂教学设计必须考虑的问题。

　　创设学习环境不是成功的课堂教学要考虑的唯一因素。在课堂环境下的教师、学生这两大主体，围绕着以教材为主要载体的学习内容，会参予多种活动，产生各种可能的结果。同一个教师，面对学习动机强和动机弱的学生，要采用不同的方法；同一种方法，在初中课堂和高中课堂使用，就可能产生完全不同的效果。英语专业水平高的教师不一定能教出出色的学生，优秀学生的成绩并非完全来自于课堂的听讲，如此说来，教学似乎充满了不定因素，不可琢磨，但事实上，好的教学总是遵循着一些共同的规律，比如，顺应学生的身心发展，有明确的目标，以促进人的发展为最终目的。本书正是围绕如何成功或者有效地组织课堂教学而展开，内容安排基本遵循着课堂教学展开的步骤，探讨课堂教学中的几个主要因素。

课堂是一个充满灵气、富于变化又极其敏感的所在。教师在课堂上的一言一行有时可以激发或者熄灭学生的学习兴趣，思想的火花；一个活动的设计可能让学生获得成就感，也可能让学生备受打击。成功的课堂教学需要教师提前做好设计，有效的课堂也永远是预设与生成的有机结合。有预设而没有生成的课堂难免死板，而全靠生成却没有进行设计的课堂往往会迷失教学的方向。在教学设计中，首先要考虑教学目标，教师需要明确教学目标，才能设计、组织好教学活动，引导学生逐步向目标靠近；教师不仅要自己知道目标，还需要让学生知道，通过教学，他们将往何处去，怎样去，会见到什么风景。有了教学目标，就要考虑教学内容。英语作为一门语言，要掌握这门语言的知识、技能以及学习的方法，英语教师不能仅满足于自己掌握了英语知识和技能，更需要了解这些内容之间有什么关联，如何有机地联系起来，让学生更容易掌握。学习终究是要学生参与才可能发生，而学习发生的首要条件就是要引起学生的注意，激发学生的学习兴趣。实际教学中，引起学生注意、激发学生兴趣也许并不算难，难的是如何保持学生的注意和兴趣，这就需要教师精心组织教学，处理好教学各环节之间的衔接，活动之间的逻辑顺序。在一切教学中，教学互动是不可忽视的重要因素，英语教学尤其重视互动，因为互动不仅给学生提供练习使用语言，甚至真正用英语进行交际的机会，同时，互动是一种促进学生反思自己的语言，学习语言的好方法。学生在用英语表达的过程中，首先是试验自己所记得的语言知识，一旦听话者做出听懂或者不懂的反馈，说话者可以据此来验证自己的语言假设，同时根据听者的反馈来不断修正、调整自己的语言，这是互动假说的研究内容。要掌握任何学习内容，仅仅依靠课堂的有限时间是不够的，其他学科如此，英语作为外语学习，更不能仅仅停留在课堂的教学中。所以，成功的课堂教学必须延伸到课外，通过各种形式的课外作业来延续课堂所学，但教师只布置作业却没有给出恰当的反馈，这样的作业不一定能取得应有效果。按照新的学习评价的观点，课外作业完全可以作为形成性评价的一部分。在现代教学中，评价观已经发生了很大的改变，从传统的评价学习结果(assessment of learning)——终结性评价，到为学习而评价(assessment for learning)——形成性评价，以及评价即学习的观点(assessment as learning)，学习评价已经引起了基础、中等、高等各教育层次的重视，尤其是形成性评价，已经明确写入课程标准之中，用以指导教师的教学。在最后的附录部分，本文附上几个量表、总结、清单，希望能对我们的教学有所帮助。

本书在探讨英语课堂教学(主要是针对中小学)各要素时，尽量提供了一些案例，期望能启发思维，让更多热爱英语教学的教师同仁一起参与进来，共同探讨适合中国国情和文化的教学方法，提高英语教学的效果，改变那种费时低效甚至无效状态，让学生真正做到热爱语言学习，享受语言学习，通过语言学习来进一步促进个体的全面发展。本书的内容，是作者的学习和实践所得，虽然付出了极大的努力，但因个人能力有限，本书一定是挂一漏万，期待同行专家的批评指正。

作　者
2015 年 6 月

目 录
Contents

第一章　有效课堂教学概说

自 2001 年新课改以来，我国中小学英语教学发生了很大的变化，教师的教学理念，教学材料和资源、教学条件、学生的学习环境等都有了很大的改进和提高。但这并非说明，教学就因此变得容易和高效；相反，随着时代的变化，国家、社会和个人对外语学习的需求发生了变化，教师们也会遇到新的教学问题。比如：

如何保持或重新唤起学生的英语学习兴趣。在上课之初，教师的引入活动往往能激起学生的兴趣，但随着进入课文讲解、知识点讲解，学生兴趣逐渐减弱。同样的情况也发生在教学活动中。教师设计的课堂活动，尤其是游戏类的活动，学生能踊跃参与，一旦回归到知识的学习和总结时，学生兴趣骤减。还有部分学生初学英语时有较强的兴趣，但随着时间的推移，比如到了 8 年级阶段，英语学习兴趣会减弱。如何保持学生兴趣，或者重新激发学生的学习兴趣困扰着许多教学一线教师。

如何提高课堂教学效率。中学课时有限，而教材内容丰富且有难度，在这种情况下，如何让师生轻松、高效地完成教学内容，如何能提高课堂教学的有效性，让学生在课堂上充分掌握知识而不是依靠延长课外学习时间来提高学习结果呢？

教学方法问题。如何有效进行听说读写等技能教学，以及语音、语法和词汇等知识的教学？

关于自主学习能力。如何培养学生的自主学习能力和习惯？

关于学困生的英语学习。如何激发后进生的学习兴趣？如何帮助他们解决学习中的困难，如记忆单词、语音辨析、发音等问题，从而帮助他们获得成就感？如何帮助那些很努力但考试成绩很难提高的学生？

关于课堂管理。如何保持课堂纪律，让学生们注意听讲，参与教学活动？

以上内容来自"国培计划（2014）"——湖北省中小学教师置换培训、短期集中培训、市州院校合作论证自主申报项目网络延伸研修平台。作者收集了参与国培的中学教师们在平台上的部分问题和话题，经过整理和提炼得到上述内容。一般而言，参与国培的都是各中学的骨干教师，他们的问题具有一定的代表性，能反映中学教学的部分现状。

一、有 效 教 学

任何教学理论的研究和实践，都是为了提高教学效果。"人类教育史就是一部追求有效教学的历史"。① "任何教学都是以有效性为目的的，摈弃有效性的教学是不存在的"。② "任何一种教学理论在学理追求上总是为有效教学辩护的……任何教学理论都是有关有效教学的理论"。③ 如此看来，有效教学理论和一般教学理论并没有实质差别，更不是什么新兴的理论。然而，自 20 世纪上半叶欧美国家的教育科学化运动以来，教育研究者开始用自然科学的手段和工具来研究教育问题，从而开启了追求教学效果的新篇章，这也说明了为什么有效教学比以前任何一个时代都显著、突出，成为一个没有确切定义却广泛出现在国内外文献中的专有名词。为此，一般认为，自 20 世纪上半叶以来所进行的以有效教学为中心的研究

---

① 高慎英. 有效教学的新思路[M]. 济南：山东教育出版社，2011：1.

② 崔允漷主编. 有效教学[M]. 上海：华东师范大学出版社，2009：12.

③ 余文森，洪明，张蓉编著. 有效教学的理论和模式[M]. 福州：福建教育出版社，2011：1.

是有效教学的开端，以区别于此前的教学理论和实践的研究。

国内外对有效教学的研究视角以及关注的重点是不一样的。国外重实证研究，经历了研究优秀教师的特征、影响教学效果的教学行为、教学模式、有效教学的评价等过程；国内重理论探讨，主要是分析有效教学的内涵、要素、特征等。但国内外的研究都没有给出有效教学的确切定义。综合国外的有效教学相关研究，可以大致认为：有效教学是能达到教学目标，促进学生发展，提高学生学业成就的教学。教师，是影响学生学习的最重要因素，其教学行为与教学结果有着密切的关系。国内有关有效教学的讨论，共识较多的是"有效果、有效益，有效率"的观点。"效果就是指教学活动结果与预期教学目标相符；有效率就是教学投入与产出之间的比率；有效益是指教学目标与特定社会和个人教育需求的吻合与满足程度。"①崔允漷（2001）指出，"有效教学的核心问题就是教学的效益"，② 取得教学效益是指学生在接受教师指导之后取得进步和发展，有收获。有效教学是一种现代教学理念，要求教师有时间与效益观念，教学关注学生的进步或发展。而且，"效益"不能简单理解为"花最少的时间教更多的内容"，教学效益也不是取决于教师教多少内容，而是取决于单位时间内学生学习的结果与学习过程综合考虑的结果。

上述介绍虽然还不能提供明确的定义，但可以看到，有效教学应该是以学生为中心、关注学生发展的教学。衡量教学是否成功的标准是教学目标的完成程度，也就是学生的收获，而不是教师是否完成了教学内容。此外，有效教学应该是促进学生又好又快地发展：通过有效的教学方法和策略，经历有效的学习过程，取得令人满意的教学效果——学生获得发展。

---

① 程红，张天宝. 论教学的有效性及提高策略[J]. 中国教学学刊，1998(5)：37-38.
② 崔允漷. 有效教学：理念与策略（上）[J]. 人民教育，2001(6)：46-47.

二、有 效 教 师

在教学中，教师是教的主体，学生是学的主体，但影响学生学习的关键因素还是教师。教师的作用也许可以从下面这段文字中得到启示："……与其他单一因素相比，我们能够更多地通过提高教师的教学效果来改进教育。教学效果好的教师对各种水平的学生似乎都有效，而无论这些学生在课堂上的水平差异有多大。假如学生在教学效果差的教师指导下，不管他们的学习成绩是否相同，学业进步都很小"。①

1. 职业素养

提高教师质量是世界很多国家的共识，国外很多国家都采用制定国家层面的教师职业标准，以及分学科的教师职业标准的方式来规定教师的入职条件，职业达标的基本条件，甚至优秀教师应该具备的标准等，以此来推动教师质量的提高。美国、英国、澳大利亚、日本等教育发达国家早就有严格的教师标准并随着时代的变化而不断修订与完善。美国全国教师教育认证委员会(NCATE)、美国州际新教师评估与支持联合会(INTASC)、美国国家教师专业教学标准委员会(NBPTS)和美国优质教师证书委员会(ABCTE)这四大全国性的教师专业标准制定机构分别制定了职前、入职、在职教师专业标准。其他国家也不断修订公布了新的教师标准，如英国的《教师标准》(Teachers' Standards)(2012)，澳大利亚的《全国教师专业标准》(Australian Professional Standards for Teachers)(2010)，日本的《教师实践专业标准》(2006 年版)。在总的专业标准之下，有些国家还出台了不同学科的专业标准，如美国 NBPTS 制定的外语教师专业标准，体育教师专业标准；美国的 TESOL 执行委员会和美国国家师资教育认证委员会批准通过了"P-12 教师教育项目

---

① 马扎诺著. 有效的课堂评价手册[M]. 邓妍妍等译校. 北京：教育科学出版社，2009：1.

TESOL 标准"（2010 年修订后为"TESOL，2010"），澳大利亚 TESOL 委员会研制的"TESOL 教师能力标准"（Australian Council of TESOL Associations 2006），以及澳大利亚现代语言教师协会联合会为中小学外语教师制定的《语言与文化优秀教师专业标准》（2005 年），日本也制定了英语教师的能力标准。我国在 2012 年印发了《幼儿园教师专业标准(试行)》、《小学教师专业标准(试行)》和《中学教师专业标准(试行)》，而各学科教师专业标准还没有出台。纵观其他国家的职业标准和学科专业标准，虽然各标准在维度的表述和内容界定上不尽相同，但依然可以发现各国对教师的专业标准以及学科专业标准有着类似的维度，如专业知识、专业技能和专业品质，各维度具有着相似的内涵，下表综合了多个职业标准和英语学科教师标准中具有共性的内容：

	教师的专业标准	外语教师的专业标准
专业知识	教师应掌握： 学科内容知识 学科教学知识 教育教学知识 学生知识	具有英语语言知识以及相关语言技能和文化知识； 熟悉语言学、语言习得理论及相关研究成果； 具有英语教材、教学法知识；了解英语课程设置以及测试等； 了解学生身心发展规律，一般教育理论及教学原则，组织和管理课堂教学的策略和方法等。
专业技能	教师应具有： 专业水平/能力 教学设计能力 教学组织与实施能力 教学管理与创设环境能力 教学评价能力 沟通能力	能熟练运用外语； 熟悉教学设计、实施和管理，能运用不同教学模式、教学方法和策略来发展学生的语言技能； 形成自己的教学风格； 能使用不同的评估策略、工具来促进学生语言学习； 营造学习氛围以提高学习语言文化的兴趣及其学习责任感； 能因材施教，善于利用现代技术和资源促进教学； 能建立与其他课程及课外活动的联系； 能够有效地和学生、家长和同事进行教学沟通等。

续表

	教师的专业标准	外语教师的专业标准
专业品质	教师应具备： 教学理念 专业形象 思想道德和教学态度 反思教学 合作与服务	教师的根本职责是促进学生更好地学习和发展；教学中师生共同构成学习共同体。 提倡语言学习、语言文化的多样性与跨文化交流，培养跨文化敏感性；应支持学生、学校和社区使用不同的语言；应坚信学生将成为通晓两种或更多语言的人并使学生意识到自己成为跨文化交流者的需要。 尊重有不同文化背景的学生，与学生构成平等、关心的关系。 热爱教学，热爱学生，热爱外语语言及文化。 系统反思教学实践，并通过专业学习、阅读、参加学术会议、讨论、与同事合作等方式不断提升自己的专业水平，质疑和询问自己的实践、价值观和信念；评判教学研究进展和二语学习领域的最新研究成果与相关教育政策，并使用这些信息来反思和改进教学实践；与同行、其他学科教师、学生、家长及学校各层面建立职业关系；以各种形式为发展专业文化做出贡献。 教师发展也不只是一个走向"专业化"的过程，而是一个在帮助学生成长过程中的自我成长过程。

2. 优秀教师

专业标准或能力标准从政策的角度规定着教师入职或在职的基本条件，也是考核教师的标准，反映了政府对教师的要求，内容广泛而全面。在实际教学中，教师的一些内在的品质只有通过外显的行为才能影响到学生，为此，很多研究者直接研究优秀的教师及其教学行为，期望找到具有共性的优秀教师的品质、有效的课堂教学行为，以便供更多的教师学习和模仿。Stephenson(2002)在《非常教师——优质教学的精髓》一书中将优秀教师的特征浓缩为：对工作充满热情；知道该教什么，如何教，如何提高自己；擅长创造活跃的课堂气氛；擅长与学生交流；激励学生发掘自身的潜力；教学效果理想。对于有效外语教师的研究，除了这些具有共性的特点之外，还包含：教师具有良好的语言能力，即纯正的语音语调，熟练的听说读写译的能力(这些语言基本功是外语教师的基本素养)，以及外语教学能力。Davies 和 Pearse(2002)指出，好的英语教师：真正掌握英语；用英语授课，开展真正的交际活动；以学生的学习和需求为主，而不是以教师的讲解和大纲规定的教学内容为主。

综合来看，好教师或优秀教师一般具有如下特征：

1)充满热爱。热爱教学，热爱所教学科，热爱学生，热爱学习。因为热爱，所以努力提高自己的专业能力，善于利用一切机会、资源和方法进行学习，勤于探索新的教学方法，并勇于实践。

2)善于组织教学。课堂上教师讲解清晰，重点突出；教学生知识更要教学生学习方法；教师有属于自己的独特教学风格，而且教学方法和组织形式富于变化，各环节之间链接自然、流畅；教学中总是将教学内容与学生生活联系起来，让学生在情境之中进行学习。

3)善于营造教学氛围。通过营造不同的学习环境，让学生感知学习的意义，并保持对学习的新鲜感；营造安全、友好的环境，让学生敢于大胆提问和回答；善于随着课堂气氛的变化而及时调整教学方法甚至教学计划等。

4)善于交流与沟通。尊重、关心、平等和善于倾听，这是交流和沟通的前提条件。尊重学生不同的文化背景，不同的观点；关心学生包括了解他们的学习状况、学习过程，提供有效的方法；平等对待每一个学生，不以成绩高低而决定上课发言的次数和作业的评价等；善于倾听，包括倾听学生在课堂中的提问与回答，对教师教学的意见或建议，并积极反馈。上述这些有助于形成良好的师生关系、创造良好的学习氛围、提高学生的学习兴趣和效果。

5)善于激发学生。了解学生，并善于调动学生的学习积极性。好的教师有很多方法来激发学生，比如，告诉学生为什么学，学什么，让学生了解教学目的和目标；对学生高期望、严要求，激发学生的意愿和潜力；设计丰富的教学活动，采取多样的教学方式来吸引学生参与学习活动；布置有意义的任务，并及时提出有价值的、公平、严格的反馈等。

6）教学效果好。教学得到肯定，总是获得学生和同事的认可，评教效果好，对学生的影响持久，比如，通过教学改变了学生的学习方法，形成积极的学习态度和习惯。开启学生的心智，影响学生的人生态度和行为；帮助学生了解自己、找到人生的方向、意义和生活中的满足感；帮助学生有效地获得知识，为今后的学习、生活和工作做好准备。

三、有效课堂

课堂是学校的教育活动发生的主要地方，是实施教学的主要场所。课堂的时间是有限的，如何高效利用课堂的40~45分钟，让学生的收益最大化，这是所有教师关心的问题。那么，什么是有效的课堂呢？美国芝加哥大学"教育多样化、卓越研究中心（CREDE）"开发了5条课堂教学有效性标准，也许可以给我们一些启示。

标准之一，师生共同参与创造性活动（joint productive activity），以促进学习。教师要设计合作性学习的任务，创造、保障合作学习的条件，如采用多种方式分组，激发学生合作意愿和兴趣，保障合作学习需要的材料等，并参与、支持、监控合作活动的开展以顺利达到预期结果。

标准之二，语言发展——通过课程发展学习者的语言能力，提高学习者的素质（developing language and literacy across the curriculum）。采取各种方式鼓励、发展学生在生活中、学习中使用口语和书面语进行交流的能力，包括第一语言和第二语言的运用能力。

标准之三，学习背景化——把教学与学生的生活联系起来，创造学习的意义（making meaning：connecting school to students' lives），用他们熟悉的语言和知识来设计有意义的活动，并帮助他们把所学用于自己紧密相关的家庭、社区中，让学生感受到学习的价值和意义。

标准之四，挑战性的活动——教学生复杂的思维技能（teaching

complex thinking），通过思维挑战发展学生的认知技能。教师设计的教学活动，应能促进学生思维能力的形成与提高，以及能增强学术表达和交流的能力。

标准之五，教学对话——通过对话进行教学（teaching through conversation）。在这个过程中，教师要保证学生参与并采取各种方式鼓励学生参与对话，对话具有清楚的学习目标；谈话中教师要多倾听而少讲话；在听学生谈话的时候，及时调节话题，对学生的对话方式进行指导，比如，如何形成并表达观点，如何判断与推理等。对学生在对话中表现出的理解水平做出评价；采取提问、重申、表扬、鼓励等谈话方式帮助学生学习；指导学生完成相关作品，作品应能反映学生达到教学对话的目标。

综合国内外相关研究内容，我们可以把有效课堂的特点大致概括如下：

1. 有目标

教学是一种有目标的活动，判断教学是否有效的标准就是看教学目标达到的程度。"教育是一种改变人们行为模式的过程。这里的行为包括人的思维、情感以及外显的行动。所以，教育目标明显代表了教育机构力图使学生产生的种种行为变化。教育目标是选择教学材料、勾勒教学内容、形成教学步骤以及准备测验和考试的标准"①。为此，国家相关机构高度重视教学目标的制定与编写，并以"课程标准"、"教学大纲"或"教学要求"等文件形式确定下来。通过课程标准规定的目标可谓一个总目标，也是长期目标，而要实现它们，需要教师把总目标分解细化到每个单元，甚至每一节课的教学目标上。鲍里奇（2002）指出，教学目标对于教学实践有两个作用，一是列举实现教学目的的课堂教学策略，二是表达教学策略，而表达的形式使得教师能够测量这些策略对学习者的影响程度。这样的教学目标主要表现为行为目标。

---

① 泰勒著，课程与教学的基本原理［M］．罗康译．北京：中国轻工业出版社，2008：5.

2. 有意义

前面提到，有效课堂的标准之一是"学习背景化"，即把教学与学生的生活联系起来，以创造学习的意义。此处的"意义"可以有多种解释。教师把教学的内容和学生的现实生活联系起来，可以帮助他们理解这些知识对他们日常生活和学习的价值。《美国 21 世纪外语学习标准》规定，外语学习标准包含 5 个目标：交际（communication）、文化（cultures）、联系（connections）、比较（comparisons）和社区（communities）。其中，"联系"是指通过外语学习，增强与其他学科的联系，获取其他学科的知识信息。该标准的子标准指出，通过外语学习，学生加强和拓展其他学科的知识。这样外语就能成为学生接触、扩大和加深对其他领域知识的学习和理解的工具。从其他学科中获得的新信息和概念也将成为外语课堂上进行后续学习的基础。这样的"联系"体现着外语学习的作用和价值，也是外语学习的意义之一。

此外，在教学中，把知识和学生的现实生活、学习和所处的环境联系在一起，可以帮助学生理解所学的知识，建构意义。这里所说的意义是指理解知识并将其转化成自己知识结构的一部分。"意义"是一个普通用词，但在教育理论中，这个词具有不同的含义。"有效的存储通常包含了意义学习，即把信息和已有知识与信念相联系。通过这样的联系，学习者可以更好地理解他们的经验，更容易地提取他们学过的知识，同时创建一个不断增加的有组织的、整合的知识体系去帮助他们解释新的经验"。① 这里的"意义学习"，就是认知心理学家奥苏贝尔提出的"意义学习"；人本主义心理学家罗杰斯把学习分成无意义学习和意义学习；建构主义强调意义是学习者个人建构起来的。在这三个理论中出现的"意义"都有不同的意义，各自从不同的角度和侧面解释学习的发生，因而对教学有着不同的指导意义。

---

① 奥姆罗德著. 教育心理学精要(第 3 版)［M］. 雷雳等译. 北京：中国人民大学出版社，2013：41.

1) 有意义接受学习。奥苏贝尔（D. P. Ausubel）的有意义学习理论揭示了知识学习，尤其是陈述性知识学习的本质特征。他首先将课堂学习类型分为接受学习和发现学习，大部分学校学习都属于接受型的，即将学习内容以定论形式呈献给学习者，所以学习者必须将信息以一种便于以后使用的形式加以内化。同时，他将学习分为有意义学习和机械学习。有意义学习就是以实质性的和非人为的方式将潜在有意义的信息和学习者已知内容联系起来的过程。机械学习就是死记硬背，学习者没有将已知内容和要记忆的内容之间建立起真正的联系。学生的学习以有意义的接受学习为主，课堂教授是帮助学生获得知识的最经济、最便捷、最有效的教学方式。有意义接受学习必须具备三个前提条件：其一，学习材料本身必须有逻辑意义；无意义的音节就不是有意义的学习材料。其二，学习者必须具有有意义学习的倾向，愿意主动在新旧知识之间建立联系。否则，即便材料有意义，他们也不会主动去寻求新旧知识之间的关系，而是采用机械学习的方式。其三，学习者已经具有一些适当的知识，能够与新知识发生关联。只有同时满足上述三个条件，新知识才能被学习者理解。该理论对外语教学的启示是，首先要保证学习材料本身有意义。我们相信用于教学的材料都是经过精心组织，富有逻辑性和具有意义的，但在教学中教师有时会把学习内容独立出来，孤立地教给学生。做好接受新知识的准备。比如，语音教学，语法教学，甚至词汇教学，都会出现这种状况；其次，激发学生对学习材料和对语言学习的动机和热情。再次，在学习新知识前，通过多种方式激活学生已有知识，比如，学习西方圣诞节的内容时，可以先回忆中国的春节来激活学生对于节日的知识等。

2) 有意义学习——学习对个人的意义。罗杰斯把学习类型分为认知学习和经验学习，将学习方式分为无意义学习和有意义学习。认为只涉及学生心智而不涉及感情和个人意义的认知学习是无意义学习。而经验学习是有意义的，因其不仅仅促进知识增长，而且融合学习者个人的经验、愿望、兴趣和需要，能引起学习者的行为、态度、个性以及在未来选择行动时发生重大变化。有意义学习主要包括四个要素：（1）个人参与，即整个人，包括情感和认知，都参与到学习活动中；（2）自动发起，即受内在愿望驱动去探索、发现、了解事件的意义；（3）渗透，即能对学生的行为、态度甚至个性发生影响，促进学生的全面发展；（4）自我评价，学习者自己评价是否满足了学习需求，是否达到了目标。该理论对教学的启示在于：教学要重视情感在教学活动中的地位和作用，课堂应以学生为中心，重视意义学习与过程学习。

3）学习的意义是建构的——学生是主体。建构主义者在吸收维果斯基认知信息加工学说，皮亚杰、布鲁纳等思想的基础上提出：事物的意义并非完全独立于我们而存在，而是源于我们的建构。每个人都以自己的方式理解事物的某些方面，教学要增进学生之间的合作，使学生看到那些与自己不同的观点的基础。教学要以学习者原有的知识经验为基础，引导学习者从原有的知识经验中生长出新的知识经验。教师是教学的引导者，是意义建构的帮助者、促进者，而不是知识的提供者和灌输者。学生是意义建构的主动者，而不是知识的被动接收者和被灌输的对象。建构主义强调学习的主动性、社会性和情境性，"教学的作用是向学习者展示如何建构知识，促进互相合作，分享交流不同认识，以及合理坚持个人的独特看法"。①

3. 有学习过程

有研究指出，80%~90%的美国大学生能娴熟地使用数学符号，达到标准行为目标的要求，但无法真正理解9年级的代数。有的学生能做复杂的物理运算，却不能正确回答力学和电学中基本原理的含义，这已经是西方理科教学存在的问题之一。而造成该局面的原因是多方面的，可能是教学评价的导向，也可能是，为了追求教学的结果而剥夺了学生亲身去探索、理解、思考，最终获得结果的学习过程。在我国，为了结果而牺牲过程的现象已是司空见惯，新课标要求达到知情意三维目标，在实际教学中往往只剩下认知目标，而且是部分认知目标，因为认知目标相对而言容易接受精确测量。

---

① 崔允漷主编. 有效教学[M]. 上海：华东师范大学出版社，2009：54.

但现代社会，认知目标越来越不是唯一的目标。联合国教科文组织在《教育——财富蕴含其中》中指出，每个人一生中需要四大知识支柱：学会认知，即获取理解的手段；学会做事，能够对自己所处的环境产生影响；学会共同生活，以便与他人一道参加所有互动并在这些活动中进行合作；最后是学会生存。若希望学生掌握这四大知识支柱，恐怕不能依靠教师像传授知识一样传授给学生，而是要让学生在理解、分析、综合各种知识、信息的认知过程中学会如何去认知，在合作学习中学会沟通、合作、共同生活。学生参与学习的过程不仅能改变其行为，参与学习的过程本身就是在丰富经历、增加知识、形成情感和价值观。对于学生的发展而言，参与学习的过程和得到结果同等重要。在有效课堂中，参与的学生和教师有如下的表现：

1)学生：注意力集中，显示出明显的兴趣。专心听讲，按照教师指令做事。当老师提出问题后，积极思考，乐于回答；在小组互动中，积极参与。

2)教师：了解学生的特点和困难，及时准确地提供帮助；公平对待每一个同学，尊重学生的答案、看法和问题；能够有效地反馈、鼓励学生做到更好；和学生有效沟通。

3)课堂气氛：安全、和谐的气氛；学生具有冒险精神，敢于、乐于回答问题、提出问题、讨论问题；有一种努力向上的学习氛围。

4. 有效利用课堂时间

课堂时间总是有限的，每一分钟的时间都应该用在有助于学生学习或者学习的活动中，这就需要教师有时间意识，精心选择内容、严密组织教学、有效监控各种教学活动。课堂上造成时间浪费的原因有很多，比如：

1)指令问题。教师的发音不标准，所用词汇超出学生水平，或者表达的内容不够简洁而造成指令不清，学生不知道教师希望他们做什么，怎样做，做到什么程度，为此，教师不得不反复解释、重申、修正，从而造成时间浪费；有时学生不知道如何跟从教师的指令，教师又疏于监控，学生便会按自己的理解去做，从而导致学习结果偏离目标而造成时间浪费。

2）示例问题。在课堂上开展一个学生从未经历过的新的教学活动时，教师给出指令却不给出具体的范例，想当然地认为学生知道该怎样做，以至于学生对活动的方式和结果缺乏清晰的认知。当教师在监控时发现学生所进行的学习已经偏离计划的目标时，只好停下来再次解释、示范，这样会造成时间的浪费。

3）教学环节的衔接。课堂的教学环节应该是前后有序，环环相扣的。如果前一个教学活动与后一个活动之间缺乏联系，学生必须生硬地把注意力从一个学习内容转到另一个内容上，重新调整学习状态和方式，甚至要花时间去准备不同的学习材料，这样会造成不必要的时间消耗。

4）设计问题。教师在设计教学活动时，对课堂进程估计不足，活动的设计过于简单、单调而造成课堂时间过多，让学生感觉教师在混时间；或者因为活动设计过难，要求过高，造成课堂活动无法继续。

5）准备问题。教师在课前准备不足，印发给学生的资料不充足，以至于学生们无法同时顺利地开展学习活动；教师利用 PPT 或者黑板等展示活动内容，没有考虑到教室后排以及部分视力不好的同学可能无法看到所展示的内容，因此造成学习上的不便利。

6）设备使用问题。教师不能熟练操作多媒体等教学设备，或者准备的教学资源出现故障，如无法打开带有教学课件的移动设备，无法联网等，教师也没有准备足够的应对措施，从而造成课堂节奏被打乱甚至中断，以至于浪费时间。

7）教学方法问题。一般而言，提倡英语教师在课堂上使用英语教学，以创造学习语言的环境和氛围，但这并不是说完全排斥母语。当解释意义抽象的词汇时，教师没有必要去反复地用英语解释，这时母语解释可能是最省时的办法。针对不同的教学内容，采用不同的方式，灵活多变，这样可以更好地利用时间。

8）课堂管理问题。课堂纪律的好坏往往会影响教学的正常进行。如果教师和学生没有制定合理的课堂管理规则，教师会不时地停下来整顿课堂纪律，约束课堂行为，从而导致大量的时间消耗。

9）主题问题。教师设计的活动主题，可以直接影响学生的参与度。如果话题过难或者过易，会造成部分学生无法参与或者不屑于参与；如果话题无法引起学生的兴趣，学生也不会把注意力集中到学习上，很可能会分心去做一些与教学活动无关的事。

5. 有效评价

说起评价，最容易想到的就是考试。2014 年 5 月 23 日，一篇题为"武汉部分初中停上历史课"的报道说：武汉下达中考"减负令"不考历史，记者走访武汉部分中学，发现初三年级历史课已全线停下，有的学校甚至完全取消了这门课。历史任课老师正被边缘化①。考试决定课程的命运，教学就是为了考试，这种现象在我国基础教育阶段并不少见。

"应试教育"显然从根本上违背了"促进人的全面发展"这一教育总目标，但学生、教师、家长，以及社会都无法忽视考试这种评价方式带来的结果。事实上，考试作为评价方式之一是无可厚非的，重要的是如何用好这种手段，如何与其他评价方式整合，以便全面地评价学生，促进学生的发展。"评价的意义是为学生清晰描述如何根据学习目标取得进步"。"研究证明，形成性课堂评价是教师在课堂上使用的最有效的手段之一。所谓形成性评价，就是任何能对学生学习提供有效反馈的活动。有效反馈包括：频繁的，能对学生学习的进步及提高作出清晰的、鼓励性的指导"。② 有效的课堂评价应该是：

（1）引导和培养学生对待分数的正确态度；

（2）及时、准确、清晰地反馈学生在学习目标上的进展和提高的方向；

（3）鼓励学生进步，并增强其进步的信心；

① http://news.163.com/14/0523/08/9STSNO5800014AED.html.
② 马扎诺著. 有效的课堂评价手册 [M]. 北京：教育科学出版社，2009：11.

（4）以形成性评价为主，因为形成性评价比终结性评价对学生学习成绩的影响更大；

（5）教师要根据评价结果及时调整教学。

6. 师生学习共同体

按传统来讲，教师和学生的角色是不一样的。人们习惯将教师比喻成蜡烛、春蚕、园丁、演员，这些喻体隐含的意思是：奉献或牺牲、呵护或者修剪，以及表现与调动等，传递着师生间的不对等。有人将教学比喻成登山，教师是向导，带领着学生一起攀登。在这段旅程中，师生互相信赖、鼓励，一起经历艰难也一起享受登顶的快乐。有效课堂就应该是教学相长，师生共享、师生共进的课堂。我们处在一个信息和资源高度丰富的时代，教师不再作为知识的唯一权威，教师和学生之间通过对话、共同探讨的学习方式应该成为常态。雅克·德洛尔在 20 世纪 90 年代说"设想一个每人轮流当教员和学员的社会"，而现在，可汗学院的诞生已经将这个设想变成了事实。创始人萨尔曼·可汗在基金公司工作，为辅导亲戚的孩子学习，他把自己的讲解制作成视频放到网上以便孩子能自主学习，由此发展而成"可汗学院"。"三人行则必有我师"、"师不必贤于弟子，弟子不必不如师"不是谦辞，已经是事实。前文中有关建构主义的教学观已经明确地指出了教师角色的变化。教学的过程应该是师生平等对话，共同进步的过程，并非只有教师的教和学生的学、付出与接受的关系，更是一种共生、共享、共进的学习共同体，是一起形成学习习惯、创造学习生活、经历共同发展变化的过程。

本章主要介绍了有效组织课堂教学涉及的相关概念和研究结果，包括有效教学、有效教师和有效课堂的特征。其中，关于有效教师的特征，本章从职业标准和优秀教师两个角度进行了总结和描述；关于有效课堂，主要包括有目标、有意义、有学习过程、有效利用时间、有效评价和师生学习共同体等 6 个方面的相关内容。

第二章 教学目标

　　教学是有目的的活动，而教学目标是教学目的的具体化，描述教学预期给学生带来的行为变化，也就是预期的学习结果。教学目标为选择教学材料、设计教学活动、运用教学策略等提供方向和监控，为教学评价提供标准。在我国基础教育阶段，国家教育部通过《课程标准》的形式规定了不同学科的培养目标，如《英语课程标准》(2011 年版)(以下简称《课标》规定的课程目标是：

　　　　义务教育阶段英语课程的总目标是：通过英语学习使学生形成初步的综合语言运用能力，促进心智发展，提高综合人文素养。综合语言运用能力的形成建立在学生语言技能、语言知识、情感态度、学习策略和文化意识等方面整体发展的基础之上。语言技能和语言知识是综合语言运用能力的基础；文化意识有利于正确地理解语言和得体地使用语言；有效的学习策略有利于提高学习效率和发展自主学习能力；积极的情感态度有利于促进主动学习和持续发展。这五个方面相辅相成，共同促进学生综合语言运用能力的形成与发展。①

　　为实现目标，教师必须能够深刻理解课程目标并能将课程目标分解，"即如何根据课程标准、教材、学生与资源等具体情况，将课程标准特别是内容标准部分分解成具体的、可操作的、可评价的

---

① 中华人民共和国教育部制定．义务教育《英语课程标准》(2011 年版)[M]．北京：北京师范大学出版社，2012：8.

17

学习"①。在编写目标时，要明确以学生为行为主体，使用可观察或可测量的行为动词，包含产生学习结果的条件以及学习结果。为了更好地编写教学目标，本章首先介绍认知领域和情感领域的目标分类，以帮助我们理解教学目标的内容，然后再讨论如何确定目标。

一、认知领域目标

安德森等基于 1956 年布卢姆主编的《教育目标分类学，教育目的分类法，手册 I：认知领域》，修订并出版了《布卢姆教育目标分类学》(修订版)。该分类体系用一个二维表格分别代表知识和认知过程两个维度(如下表)。该目标分类将知识分为四大类别：事实性知识、概念性知识、程序性知识和元认知知识。将认知过程维度分为记忆/回忆、理解、应用、分析、评价和创造。

	记忆/回忆	理解	应用	分析	评价	创造
事实性知识						
概念性知识						
程序性知识						
元认知知识						

1. 知识维度

事实性知识，是相互分离的、孤立的内容要素，包括术语知识以及具体细节和要素的知识。如英语中 26 个字母的知识，表示重音"ˈ"、长元音"ː"等符号知识等。**概念性知识**包括关于分类和类别的知识、原理和通则的知识以及理论、模型和结构的知识，如关于句子成分的知识等。**程序性知识**就是关于如何做事的知识，包括技

---

① 崔允漷主编. 有效教学[M]. 上海：华东师范大学出版社，2009：111.

能和算法的知识，技术和方法的知识，还包括用来决定判断在特定领域或学科中"何时做何事"的准则知识，如根据上下文猜测词义的技能知识；确定写作文章的文体的准则知识等。**元认知知识**，是关于一般认知的知识以及关于自我认知的意识和知识，包括策略性知识，关于认知任务的知识（包括情境性知识和条件性知识）以及关于自我的知识，如采用联想的方式记忆单词等学习策略；知道自己学习英语的目的、自我调控的策略等。（详情请参阅《布卢姆教育目标分类学》（修订版）第 4 章）

2. 认知过程维度

1）记忆/回忆

涉及从常识记忆中提取相关的知识。其主要目的是促进学习的保持。表达该过程的动词包括：识别，辨认，回忆，提取等。

例如：读出或者写出 26 个字母；读出或者写出表示"三月"的英语单词。

2）理解

从口头、书面和图像等交流形式的教学信息中构建意义；也就是将新获得知识和已有知识之间建立联系，或者说将新获得的知识与现有的心理图式和认知框架的整合。这是促进学习迁移的基础。描述该过程的行为动词包括：解释，转化，释义，描述，澄清，举例，分类，总结，概括，归纳推断，预测，比较，对比，对应，配对，说明（说明因果关系）等。

例如：将一段指路的文字转化为地图，或者根据地图进行口头或书面描述；

请用自己的话来解释某句话（paraphrase）、翻译某一段文字；

概括一篇文章的主要观点；给一段话添加标题等。

3）应用

在给定的情境中执行或使用程序。表达该过程的动词包括：改变，修改，叙述，操作，使用，运用，解决，发展，演示等。

例如：选用正确的词形完成短文或句子。

4）分析

将材料分解为几个组成部分，确定部分之间的相互关系，以及各部分与总体结构或总目标之间的关系。表达该过程的动词包括：分解，区分，区别，指出，说明，推理，概括，细分，图解，演绎，叙述等。

例如：要求学生能辨别文章中的事实和作者的观点（opinions or facts）；

能概括文章的主要观点；

指出下列哪些例子与主题无关；

推理作者的观点、倾向、意图等。

5）评价

基于准则和标准作出判断。表达该过程的行为动词包括：评价，批判，证明，证实，辩护，支持，对比，比较等。

例如：评价一篇议论文中作者的论点是否符合逻辑。

6）创造

将要素组成内在一致的整体或功能性整体；将要素重新组织成新的模型或结构。该过程的行为动词包括：创造，制定，编写，设计，创作，发明，预测，产生，建构等。

例如：续写故事（预测）。

认知维度中6个过程的划分并非那么绝对，体现在有些描述过程的动词可能出现在两个层次中，如"概括"，既可以体现读者是否理解了一段内容，也可以用来反映读者是否具有"分析"能力，在纷杂的文字中找到最主要的内容。即便如此，这分类的作用还是显著的，可以帮助我们确定学生要学习的知识类别，从认知过程上要达到什么程度。在编写教学目标时，可以将知识与认知过程结合起来共同界定实际学习目标，这样，当教师选择某一种类别的知识时很容易联想到与之相随的认知过程。同理，选择某一种认知过程也便于使人联想到与之相随的知识类别。认知过程的6个阶段中，记忆事实性知识、理解概念性知识是最基础的也是最低阶的认知过程，高阶的认知过程如分析、评价、创造是以低阶为基础，也是现实生活中使用最多的认知过程，所以课堂教学活动的设计应该尽量包含高阶认知过程的活动。

二、情感领域目标

加涅指出："在任何教育中态度是很重要的。""态度并不决定特定的行为，相反，他们在或大或小的程度上决定个人的一定类别的行为。""人们常常希望学生对他们正在学习的任何学科和比较广泛地对一般的学习活动获得积极的态度。""如果人们要建立或改变态度，必须把它们识别为学习结果和教学目标。"①加涅的学习结果中的"态度"也就是情感领域，主要涉及一个人的情感、态度、兴趣和价值观等。但因为很难观察和评估态度的形成和改变，情感态度常常被边缘化。研究表明，思想和情感有着深层的联系，"实际上情感领域是统领着认知领域的"②教学不能仅重视认知而忽视情感，这已经是世界共识。我国自 2001 年的课程改革开始，课程标准中就加入了情感教育目标，但效果似乎并不显著。据报道，我国部分上海学生在国际学生评估项目（简称 PISA）的测试中获得第一的成绩，PISA 的创始人安德烈亚斯·施莱克尔（Andreas Schleicher）在谈到此事时肯定了上海教育的特色和优点，但指出这个第一并不表示上海拥有全世界最好的教育体系，学生学习动力不足，在空闲时间里往往不愿意主动去学习。他警告说，很多研究表明，如果学生在 15 岁时还没有培养起学习的兴趣和动力，他们以后就很难成功。③

如何将课程目标中的情感目标细化到每一节课、每一个单元教学中？我们首先要理解，情感目标包含哪些内容，具有哪些表现形式。1964 年，克拉斯沃尔、布卢姆等依据价值内化的程度开发了情感领域的分类框架，描述了 5 种水平的情感行为，从低到高依次为

①　加涅著. 学习的条件和教学论[M]. 皮连生等译. 上海：华东师范大学出版社，1999：240-241.

②　马丁，瑞戈鲁斯著. 情感领域的教育设计理论[J]. 张铮编译. 开放教育研究，2004(1)：27.

③　李斌. 不愿主动学习是中国教育的大问题[N]. 中国青年报，2011(10).

接受或注意、反应、价值化、组织和个性化。等级越高，个体会越投入，越依靠自己，形成不受他人支配的自己的情感、态度和价值观。

接受或注意：指学习者觉察，愿意接受，有选择或有控制地注意某些现象和刺激。描述本水平的学习结果包括：注意，识别，看；觉察，听到，注视；控制，听，分担等。例如：专心听老师讲课，在小组讨论中专心听他人谈话，意识到中国文化和外国文化的不同等。

反应：指学习者主动注意某些刺激或者积极作出反应，表现出兴趣，从而遵从期待。学习的结果包括默认、愿意反应和满意的反应。描述学习结果的常用动词有：鼓掌，遵从，讨论；跟随，服从，参与；扮演，练习，志愿。例如：遵守课堂讨论的规则，参加小组讨论，愿意用英语交谈，自觉完成教师布置的课外作业。

价值化：学习者表现出能反映自己信念或态度的行为，而且具有一致性和稳定性。描述学习结果的动词有：行动，争论，说服；辩论，展示，表达；帮助，组织，偏好。例如：坚持每天学习英语。

组织：学习者形成一套价值观。常用动词包括：抽象，平衡，比较；决定，限定，制定；选择，系统化，理论化。例如：对不同的文化具有包容的态度；能客观地比较母语文化和外国文化之间的差异，形成对自己文化的认同感。

个性化：学习者所展现的所有行为都应与他们的价值观相一致。常用动词包括：避免，展示，内化；处理，要求，抗拒；解决，设计，修改。例如：形成一种对待不同文化的方式和态度。（详情请参阅布卢姆《教育目标分类学 第二分册 情感领域》。）

实际上，我们对情感领域的理解可以更广泛一些。英语课程标准中规定的情感态度包括：动机兴趣、自信意志、合作精神、祖国意识、国际视野等。课程标准规定的这些目标，可以从三个方面去理解。一方面是指向课程学习，如对"英语"课程的学习动机、兴趣。学生在教师设计的课堂小组活动中，能够听从教师的指令，参与小组活动，积极与他人合作完成任务，这种态度可以从"反应"逐步发展到成为学生的习惯，达到"价值化"的水平。而且，这种在学科中养成的情感态度也可以迁移到其他的学习和活动中。第二方面，就是英语学科所特有的对情感态度的影响，包括祖国意识，国际视野，跨文化交际的意识。英语教学要培养学生对目的语文化的"反应"，达到"价值化"的水平，同时，通过教学引导学生理解不同的文化，发现自身文化的独特性，从而更加深入了解和欣赏自己的本土文化，达到"个性化"的水平。第三方面，那就是学习材料所带来的潜移默化的影响。英语学习选材的内容与日常生活相关，如饮食、环境等，健康饮食并不仅包含学习水果、谷物这些词汇的意义、发音和用法，我们的目的是要帮助学生形成正确的价值观和好的生活方式。比如，通过对课文中饮食内容的学习，让学生了解健康食品的种类和三餐营养分配，让他们的情感水平达到"个性化"，在生活中自觉减少甚至抵制"垃圾食品"；当讨论到健康问题时，学生能获得健康的生活方式。这些都是情感目标的内容。

三、教学目标的编写要求

英语教学不仅仅包括认知、情感的要求，也涉及动作技能，如拼写出单词等，因为动作技能在英语教学中并不像体育课程那样有特别的要求，所以本章不专门介绍。根据前文的两个分类，我们可以把英语课程标准中的五个教学目标大致分为两类：认知目标和情感目标。其中，知识、技能、文化、策略包含在认知目标分类中的知识和认知维度中，而情感态度包含在情感目标分类中。

关于认知目标中知识、技能等的相互关系，可以这样理解：英语教学要帮助学生掌握语音、词汇、语法等语言知识、文化知识、策略方法等，掌握这些知识的目的主要不是为了记忆，而是为了在"听"和"读"的过程中能顺利地"理解、运用、分析"所接受的语言符号，从而获得信息；并在"说"和"写"的表达思想过程中，能迅速提取已有知识、运用它们进行创造活动。英语的听、说、读、写、译都涉及复杂的认知过程。在教学中，语言知识是听说读写译的基础，决定着这些能力的程度，同时，语言知识又是听说读写译服务的对象，只有通过听说读写译才能进一步理解知识、强化知识，保持知识、让知识达到自动化。与此同时，策略和情感目标是教学的目标，是学习的推力和保障，也是学习的结果。在认知目标分类中，安德森将一般策略知识和元认知策略知识均纳入元认知知识中，教师在教学中要教会学生去使用策略知识来更好地提高学习效果和效率，使用元认知策略来监控自己的学习过程和方法，促进学习的进步。元认知知识的学习目标不是"记忆"，甚至不是"理解"，而主要是"运用"。这就要求教师在教学中提供运用策略知识的机会，引导学生熟练掌握这种知识。一旦学生能自觉运用策略知识，就能在今后没有教师指导的环境中继续顺利地学习，达到自主学习和终身学习的目标。情感态度目标，如前面所说，教学要培养学生对学科的正确态度，以保证学生参与学习，这是学习发生的基本前提；如果学生从态度上就拒绝学习某些内容，那就不可能期望学生能从该课程或者课堂中得到收获。所以，情感目标是学习发生的保障。此外，学科学习的过程和内容本身也会对学生产生长久的影响，英语学习培养学生对语言学习的态度，对语言所在的社会、文化和人的态度，进而扩展到对整个语言和学习语言的一般态度，包括对自己母语文化的认识，这些态度的形成对一个人的全面发展，对生活在越来越国际化的社会中的人来说是非常有必要的。

理解了教学目标，接下来要讨论如何编写目标。前文提到，教学目标要以学生为主体，要有明确的行为动词、行为条件与最终的行为表现程度。简单概括为三个步骤：界定出具有可观察结果（学习结果）的特定教学目的；陈述发生预期学习的条件（用哪些材料，哪些课文以及设备，多少时间等）；明确规定标准的水平：可测量的结果①。具体建议如下：

1. 教学目标应该明确陈述学生学习的结果，而不是学生要参与的课堂活动。如"进行小组辩论"，"辩论"是学生要参与的一个活动，而不是学生要达到的学习目标，教师让学生参与该活动取得

①　鲍里奇著. 有效教学方法（第4版）[M]. 易东平译. 南京：江苏教育出版社，2002：75，81.

的效果才是目标。

2. 教学目标应该用准确的动词来界定目标，尽可能说明评价目标的方式。如"提高阅读理解能力"，该目标是指训练学生的阅读策略，还是概括信息这样的理解能力？在教学结束时，如何检查学生是否在"阅读理解能力"上达到预期的变化？如果只是含糊的表述，无论对教师还是对学生都无法起到应有的作用。

3. 表述清楚，没有歧义，易于理解。比如，有教师将教学目标表述为"掌握（master）一些有用的词汇（知识目标）"，"能够自如使用一些有用的词汇（技能目标）"。其中，"掌握"是指学生能够自如地用所学词汇来表达思想，还是仅仅了解这些词汇的发音、形式、意义和用法？从接下来的"能够自由使用一些有用词汇"可以推断，前面的"掌握"知识应该是"理解"知识，而在后一个目标中包含"运用"的目标。

4. 体现教学最有意义的内容，包括重点和难点。如："理解课文，包括词汇、新单词、语言点（语法）、内容和文章结构"。可以说，这样的目标适合于任何一个阅读课，而本次课的重点是什么则不得而知。

5. 教学目标应该根据学生的身心发展水平、先前的技能和知识，兴趣爱好和背景来确定，并能进行调整以适合不同的学生。教学目标所描述的学习结果必须有价值，体现重要的学习内容，反映出对学生的高期望。

6. 教学目标应该包含认知、情感价值等方面的学习结果并能将它们有机整合。情感和认知并不矛盾，没有情感的认知就仿佛没有血肉和灵魂的机器，而缺乏认知的情感教育就如无根浮萍。有研究指出，发展社会交际能力比发展个人内在情感的课程成功，与课程结合的情感教育优于孤立的情感教育。[①] 为此，将认知和情感纳入教学目标不是不可以做到，而是必须做到。比如，"能理解、提炼作者的观点、激发学生内心情感，学会发现爱、感受爱并正确地表

① 马丁，瑞戈鲁斯著. 情感领域的教育设计理论[J]. 张铮编译. 开放教育研究，2004（1）：27-29.

达爱"①, 这就是利用课文材料本身延伸出来的情感目标。"能够用英语回答问题, 参与小组讨论", 该目标体现了学生愿意遵从教师的指导, 作出符合期待的"反应"。再如"在小组活动中, 能够帮助其他同学", 要求学生能够展现出一种他们在合作学习中的态度和行为, 属于"价值化"的水平。情感目标并不需要专门去为情感而情感, 学生经历教学过程就是在体验和培养他们的情感。

7. 教学目标要反映不同的认知过程, 但要更重视高级认知能力的培养。在中小学英语教学中, 教学目标主要涉及记忆、理解和简单应用这些基本的认知层次, 如:

- 能用英语说出自己和他人生日的月份。
- 能就生日的话题开展简单的交流。
- 能运用所学语言完成有关生日月份的调查任务。②

对于英语1~2级的学生来说, 这三个目标是有层次的。第一个"说出生日"涉及的认知过程主要是识别和记忆, 只要能"记住"表达月份的英语单词及发音, 这个目标就达到了。为了帮助学生"记住", 教师可以采取让学生反复跟读、复述的方式, 甚至死记硬背的方式就能达到目标。同时, 测评学生是否达到目标的方式也很简单, 当教师展示"March"或者"三月"时, 学生能发出 [mɑːtʃ] 的发音, 便能证明学生达到了目标。如果我们的教学目标都集中在这样的层次上, 那么英语教学只要提高"记忆术"就够了, 虽然对英语学习而言, 记忆的确很重要, 但仅仅通过"记忆"而记住词汇、语法等知识, 显然不是一个有效的方法, 也不是最终的目的。所以, 还需要其他层次的目标, 如后两个目标"就生日话题开展交流"和"完成调查任务", 不仅要求学生能简单"运用"知识, 还要能将知识迁移

---

① 任美琴著. 中学英语有效教学的一种实践模型[M]. 宁波: 宁波出版社, 2012: 166.

② 中华人民共和国教育部制定. 义务教育《英语课程标准》(2011年版)[M]. 北京: 北京师范大学出版社, 2012: 101-102.

到其他的环境中。但需要指出的是，"在认知情感领域中较不复杂的行为，比起较复杂的行为，并不意味着教师可以更少准备，使用更少的教学资源和教学实践，"这就是说，低阶认知能力并非容易教，如怎样让学生"记住"英语单词就不是一件易事。之所以强调在教学中重视高阶认知能力的培养是因为："高级的认知技能经常比较低级的认知技能更真实，因为他们代表着更加完整的行为，这些对于课堂外的现实实际的生活、工作和履行职责是必要的。"①

四、英语教学目标的编写

我国的义务教育阶段和高中阶段都有明确的英语课程标准来确定学生学习要达到的目标。如何利用课程目标来编写具体单元，甚至每课时的教学目标，是每个教师在教学准备阶段必须面临的问题。

从现行的课程标准来看，标准对各维度分级标准的描述不是完全一致的，有的维度具有详细的 5 级标准描述，如各分级目标的等级描述，有的只给出 2 级的标准(如知识、情感、策略)，而且表述技能的名称也可能不一致，如下表所示：

维　度	描述的等级	备　注
分级目标描述	1，2，3，4，5	
语言技能：听说读写译	1，2，3，4，5	1 级语言技能包括：听做，说唱，玩演，读写，试听；2 级语音，词汇，语法，功能，话题包括听说读写，玩演试听
语言知识(语音，词汇，语法，功能，话题)	2，5	
情感态度	2，5	
学习策略	2，5	2 级为基本学习策略；5 级包含认知、调控、交际和资源策略

① 安德森等编著. 布卢姆教育目标分类学(修订版)［M］. 蒋小平等译. 北京：外语教学与研究出版社，2009：183.

这带来的问题主要包括：各分级标准与各维度标准不是一一对应，如二级目标描述中看不到语言知识中的语音、词汇、语法等标准（见下表）；各维度之间各自为政，缺乏整合。那么，如何利用课程标准中的目标描述来形成具体的教学目标呢？崔允漷（2009）提出了3种策略：替代、拆解和组合。替代策略，就是用即将要学习的内容替代标准中的关键名词，从而形成一个学习目标。拆解策略，就是将课程标准拆解成几个相互关联的子项，从而形成具体的教学目标。组合策略，就是合并多条课程标准，或者选取多条课程标准中相关的部分形成教学焦点，从而形成学习目标。我们也可以借鉴此法来编写英语的教学目标。下表内容选自《课程标准》（2011年）中的二级目标描述。

二级目标描述	分　析
对继续学习英语有兴趣。	情感目标
能用简单的英语互致问候，交换有关个人、家庭和朋友的简单信息，并能就日常生活话题做简短叙述。	说的能力、功能与话题目标
能在图片的帮助下听懂、读懂简单的小故事。	听、读目标；认知策略目标
能在教师的帮助下表演小故事或小短剧，演唱简单的英语歌曲和歌谣。	玩演、视听能力
能根据图片、词语或例句的提示，写出简短的描述。	写的能力
在学习中乐于参与、积极合作、主动请教，初步形成对英语的感知能力和良好的学习习惯。乐于了解外国文化和习俗。	情感目标

从这个目标可以看出，对于小学英语教学而言，情感目标是主要的，其次是说演的能力，包含了少量策略目标，而语音、词汇和语法的目标没有明显陈述。这是否表明语音等知识不重要？语音的二级标准所描述的"正确读出26个英文字母，了解简单的拼读规律"就不需要在具体目标中出现呢？显然不是。语音、词汇和语法

这些知识是语言学习的基础，这些基础知识的学习目标可以简单概括为"理解"与"应用"，具体的教学目标应该是将这些目标整合在一起。以下举例说明。

1）替换：将标准中较抽象的描述换成具体的学习内容

"演唱简单的英文歌曲"变成"能演唱歌曲 go hiking"；

"能用简单的英语互致问候"替换成"能用 good morning 等惯用语问候同学、老师等"。

2）拆分：将标准中较高一层次或笼统的表述分解成具体的学习内容

"能在图片的帮助下听懂、读懂简单的小故事"，分解为："能在图片的帮助下理解故事的主要人物、事件"。在这里，"听懂"所经历的认知过程就是"理解"，读懂"小故事"的目标是获知其人物和事件，以及因果关系和主题。这些随着学生英语能力的提高，都将逐渐纳入学习目标之中。

3）整合：将相关的内容整合在具体的目标中，而不是孤立地呈现

"能在教师的帮助下表演小故事或小短剧"，可以把情感目标、语音、策略等目标整合在一起，比如，能在教师的帮助下，积极参加短剧表演，语音、语调正确、自然，手势、表情符合剧中要求。整合后的目标，首先能够看到学生在情感方面的表现，其次，短剧表演是依靠声音和身体动作来传递信息的，以此作为学生学习语言的方式，不仅是为了提供学生操练语音、词汇、句型的机会，也是对真实交际场景的一种模拟体验，所以，在目标中应该加入"语音"和"交际策略"方面的要求，让学生明确"短剧表演"应该注重哪些方面，他们在学习和准备的过程中也会留心这些方面的内容。

以上简单解释了如何利用课程标准形成具体的学习目标，那么如何编写具体的目标呢？本章开始就提到，目标编写时，学生是行为主体，所使用的行为动词应该是可观察或可测量的，并要呈现学习结果产生的条件和学习结果。目标中行为动词的选择可以利用认知、情感分类目标中所列举的动词；学习结果主要是达到学习目标时的表现水平，有的可以用具体数字表明，如"写出至少 5 个水果

的英语单词",也可能是比较抽象,如"乐于了解外国语言与文化"。而关于学习结果的条件,或者称为行为条件,崔允漷是这样解释的:

> 行为条件是指影响学生产生学习结果的特点的限制或范围,如"根据地图","看完全文后",等等。对条件的表述有4种类型:(1)允许或不允许使用手册与辅助手段,如"可以或不可以带计算器"。(2)提供信息或提示,如"给出一张中国行政区划图,能标出……"(3)时间的限制,如"在10分钟内,能做完……"(4)完成行为的情景,如"在课堂讨论时,能叙述……要点。"①

这四种类型在英语课程标准中都可以看到,如使用辅助手段:"使用简单的工具书查找信息";提供信息或提示:课程标准中有"根据图片词语或例句的提示,写出简单的语句","参照范例写出或回复简单的问候和邀请"等;限制时间:一般出现在写作的测试中,如要求30分钟内写出120个词的作文等;规定场景:"在课堂交流中","在课外活动中","在具体语境中"。我们可以发现,课程标准所规定的知识、策略目标一般也可以作为行为的条件。

综合上述内容,我们可以把目标编写简化成如下表达式:

* 学生+条件+行为动作及内容+行为结果

运用到英语课程标准和教学目标上可以这样表达:

* 学生+(条件:提示、知识、策略)+行为动作(技能)+行为结果

例如:能运用日常用语来互相问候和告别,语音、语调正确、自然;用语和体态语使用得体。

本章主要介绍了认知、情感教育目标的分类,希望借此来帮助教师们深刻理解中学英语课程标准,从而为教学目标的编写奠定基

---

① 崔允漷主编. 有效教学[M]. 上海:华东师范大学出版社,2009:113-114.

础。之后，介绍了编写教学目标的一般要求，并参照崔允漷教授的教学目标编写方法，讨论了如何利用课程标准来制定英语课堂教学目标。

第三章 教学内容与方法

一、语言知识和技能的关系

英语课程目标已经明确地规定，培养学生的综合语言运用能力是课程的总目标，而该目标的形成是建立在语言知识、语言技能、学习策略、文化意识和情感态度的整体发展之上。其中，技能和知识是语言运用能力的基础，文化意识有助于正确理解和得体运用语言，策略有利于提高学习效率和发展自主学习能力，情感态度能促进主动学习和持续发展。五个方面既是教学的目标也是教学的内容，各自起着不同的作用。在实际教学中，语法和词汇是主要的教学内容，阅读是中学英语教学训练的主要技能，但学生的实际语言能力并不是很好，学了语法不会用语法，记住了词汇却不会用词汇。这是什么原因造成的呢？为了回答该问题，我们首先从张思中的教学法入手，分析其成功的原因，然后逐步探讨如何教授英语。

1. 张思中教学法的启示

上海市外语特级教师张思中，原是华东师范大学一附中的俄语教师，后改教英语。在他从教的 40 多年间，他坚持外语教学改革，创立了"十六字教学法"，即"适当集中、反复循环、阅读原著、因材施教"。可简单解释为："在一定条件下，集中适当的时间，运用一定量的材料，对学生进行有一定难度地掌握听、说、读、写技能的训练，科学地反复、循环强化，以较少的时间获取较大的效益。对上、中、下不同水平的学生采取分组复式教学，使不同层次的学生都能有所得，防止与克服心理上的失败定势，从而使学生对所要达到的目标产生一种成功的渴望，获得成功的体验，增强成功的把握，建立心理上的优势。"①

1996 年 6 月 28 日，在中南海召开外语教学法座谈会上，时任副总理李岚清就当时外语教育中普遍存在的"费时较多"、"收效较低"的问题发表了重要讲话，充分肯定张思中外语教学法并指示国家教委予以推广，该讲话以头版头条的方式同时发表在 1996 年 9 月 5 日的《中国教育报》和《文汇报》上。

以下主要以"适当集中"为例介绍该法。"集中"就是集中强化知识和技能，找知识的规律进行教学，强化记忆，短期速成。方法：将分散的语音、词汇和语法知识集中起来，找出规律显性教学。把原本分散在各单元的国际音标集中起来，分析音标的规律，按照对称的方式排列进行教学；将各单元的单词集中起来，按照单词重读音节相同、词性相同、前后缀相同、词根相同、词形词义相同或相反等多种方式归类教学。

时间分配：（1）超前集中。在学课文之前，先粗教有规律的、重要的、常见的单词和语法，让学生获得初步印象。采用演绎法教学，讲完就练；鼓励学生按自己能力多学，但不强迫，重在调动学生的积极性。（2）随机集中。根据教材进度，进行二次教学。对语法和单词进行详细地、系统地、完整地教学，包括特殊知识的，要求学生掌握全部内容。此阶段是超前集中的深化；主要采用归纳法，揭示前面语言现象的内涵，进行剖析和深化。（3）综合集中。再次集中教材中的词汇和语法，进行归纳总复习，补缺，补漏，补差，使学过的知识系统化、完整化，通过重现、再认的方式达到巩固应用的目的。集中的时间选择：开学 3 周左右，或者考试之后 2 周左右，集中强化最好以 2~3 周为好，避开学生考试压力大的时候，甚至考虑到课程设置上，比如前一节是体育课，学生进行了高强度的体育运动之后，这时的强化效果必然要受到影响。

---

① 王维刚. 论"张思中教学法"的教育思想[J]. 黔南民族师范学院学报，1999（2）：69-73.

度与量的问题：按照学生的实际水平和承受能力确定每一节课集中学习的度与量，可以通过先摸底的方式了解学情，然后再确定。按照张思中的教学经历，一节课可以学到 50～100 个单词，"一次可攻下几百上千个单词"。

难易度的把握：集中教学中，内容难则数量要少，容易则数量可以多；容易的先集中，难的内容稍后或者难易交叉。学习容易的内容可以让学生积累经验和信心，也为后面的学习做好心理和知识的准备。根据难易度以及学生的学习状态，适当调整每节课预定的度与量。

有评价认为该教学法的成功在于："其一，抓住青少年记忆力好的优势，集中时间用科学的方法记忆大量的常用词汇，熟背经典课文。通过反复阅读、翻译，逐步加深对课文的理解，逐步掌握文法。同时注意调动和提高学生学习外语的目的性、积极性、主动性、自觉性、趣味性，从而提高他们的自信心。其二，这种教学法不仅适用于中小学生，对成人学习外语也是有效的，不仅适用于英语，也适用于其他外语，具有一定的普遍适用性。其三，这种教学法对教师水平的要求并不高，只要经过一段时间的培训，一般外语教师都能掌握，解决了师资培养上的一大难题。总之，它比较符合中国国情，见效快，容易推广。"①

虽然作者没有从原理上去探讨为什么这样成功，但其实际教学却取得了很大的成功，学生的学习成绩显著，学习兴趣高，不少学生发表了翻译作品等。有文献表明，使用该教学法的学校或班级的学生成绩也显著提高，这些证明了该教学法的成功。总结来看，其教学可以说是：语言知识优先，找规律教学，通过反复、循环和大量朗读和阅读的方式来教学生学习，促进知识的自动化，用情感动机来保证学生的学习投入。分析张思中的"十六字"教学法，可以总结出如下规律：

1) 立足我国外语教学现状：英语对中国学生来说是外语，缺乏习

---

① http：//baike.baidu.com/link? url=ELGNR2VzmjIVrirIUS7cEHJMBm C1l35 Sr242Pt5JmFXCAd-JSZ5aHW1bDtvSlvQblbmaxMxNFaXhiLCMT1k14K.

得的环境，而且学生已经具有母语基础，所以，充分运用学生的母语学习经验，如汉语拼音、已经具有的生活图式，进行显性教学。

2）尊重学习规律：内容安排由易到难，寻找规律、分散难点。

3）信息加工的原理：符合记忆的规律：感知——强化——巩固。将有规律性的教学内容教给学生，能更好地促进学生的记忆，让新知识进入学生的认知结构，提取时更加便捷。

4）体现学生为中心：在学习的时间选择和学习的度与量上，考虑到学生学习的心理、生理状态，学生的学习水平，然后安排学习。

5）动机和成就感：充分利用差异心理优势，指在教育、教学过程中师生所呈现出的一种良好的心理状态。它突出地表现在对所要达到目标产生一种成功的渴望，成功的体验和成功的把握。先安排容易的内容，并在开始的学习中不强迫学生，目的是培养学生的兴趣和动机，让学生在获得学习经验和成就感后再逐步加强学习。

6）符合语言教学的原理：词汇和语法是语言学习的基础，词汇和语法的熟练，可以让学生把更多的注意资源分配到理解文字信息等方面，实现快速、高效的语篇教学。

张思中教学法显然是以语音、词汇、语法这些语言知识为教学重点，以大量的朗读和阅读为主要训练方式，并没有使用一度流行的交际法、课标推荐的任务法，其教学效果却非常好，学生的语言综合运用能力很好。从中，也许可以发现，知识与技能的关系是非常紧密的，语言知识作为语言学习的基础，作为技能学习的基础是不容忽视的。那么，我们应该如何来教授语音、词汇与语法这些知识呢？下面逐一展开讨论。

二、语言知识教学

1. 语音

1）教什么？

语音教学在外语教学中并没有受到足够的重视。从时间上看，语音一般是作为语言学习初级阶段的教学内容，随后就被语法等教学内容所代替，而有研究表明，语音学习也会经历退化或者停留在低级阶段的石化现象，甚至一些高级语言学习者还要重新来补习语音。对语音学习，人们存在一些误解，认为孩子总是比成人更容易习得完美的、像母语者一样的发音。试验研究发现并非如此，小孩子并非最好的语音学习者，成人一样也可以学好语音；其次，语音只是单纯地学习发音规则，并没有实际意义。实际上，语音是有意义的。如 book, books，语音特征标志着不同的语法意义；lookout, look out 的发音在听者耳中就是名词和动词词组的区别①。再者，关于语音学习的目标，普通语言学习者的语音学习的目标是，只要以英语为母语的人能理解，进行正常的交际，这样的语音就算达到标准，而不是要达到英语母语者那样的口音；当然，对语言教师的语音要求则应该更高一些。

语音教学包含两个方面，识别和产出。在产出方面，学习者要能够发出可以理解，可以被接受的音，包括分段上和韵律上的；除了发音可理解外(intelligibility)，还需要具有得体性。发音不应该让英语母语者听起来觉得冒犯、厌烦、模糊不清。在识别方面，首先是能识别、辨别重要的语音特征；能够听懂清晰的语音，能够敏感意识到说话人的不同口音，在不同场合的发音，区别正式和不正式言语一些特点，如省音、缩略等，以及因为交际目的而产生节奏、重读、语调上的变化，这些变化已经不是单个发音或者在单句中的那种发音了。其次，还要能够识别文字的读音，看到单词就能朗读能够看图说话等。

2) 如何教？

一般的教学步骤包括：呈现/接触——模仿——解释——实际产出。首先，通过教师、录音录像或者自然情境下的语言使用展示要学习的语音，给学习者提供观察的机会，让他们适应新的发音、节奏和语调等形式；接着开始模仿。如果模仿能够学会发音，那就以模仿为主，教师可以设计一些语言练习和句型操练的活动，帮助

① Allen, P. & B. Harley. 语言教学的问题与可选策略[M]. 上海：上海外语教育出版社，2002：114.

学生模仿；其间，教师将较为困难的发音挑出来专门训练，如果依靠单纯模仿无法达到正确发音的目标，教师就需要进行解释，同时配合练习。

有研究者推荐了另一种方式：辨音——产出——模仿交际。首先进行听力辨音，要求辨别2个音的差别(偶尔是3个)，目的在于培养学生对发音机制的意识和理解；第二步是产出练习，让学习者练习发音，找到发音的特点；然后转到模仿交际；最后是将所学语音合并到不断增长的语音系统中。

认知的作用。不管是语音训练还是使用语音，都要依靠学习者的认知才能达到学习语音的目的。练习可以让学生在直接使用中注意到声音的特征，如果配合图例进行解释，就可以展示使用语音时的肌肉运动，帮助学习者注意控制发音的机制，让他们更好地学会发音。此外，张思中找出发音规律进行音标对称教学方式，帮助学生进行对比，找出发音的不同规律，从而促进学生的语音学习，这个方法也是值得学习的。值得注意的是：教学中进行解释的目的是让学生"知其然，知其所以然"，这不仅可以帮助学生顺利获得语音能力，还可以帮助学习者对外语和一般语言知识的掌握，从而达到知识迁移的目标。

真实材料的作用。有证据表明，长时间地听一些真实话语的例子，观察发音的习惯可能比早期坚持脱离语境地模仿某一个音效果更好。因此，教学中可以给学生足够的机会倾听和观察各种人、各种口音在不同场合的发音，比如，老人、孩子、男士、女士的发音；高兴和发怒时的发音，清晰、含糊或含蓄的口音等。同时，让学生有机会去模仿真实材料中的说话，让他们意识到说话时的动作、面部表情、手势、身体姿势、话语间的停顿、声音的大小等副语言特点。语音教学中这些听和说的活动目的就是引导学生注意这些语言特征，弥补日常教学中可能会忽视或者无暇顾及的内容。

语音中的情感问题。语音教学的情感目标包括学习者对外语发音系统的习惯和认可。他们需要有机会调整对语言系统的感情，获得对外语的积极情感，渐渐地从听力上对外语的发音系统感到习惯，从心理上感到舒服；同时，学习者要知道清晰、可理解的发音对于交际目的的价值。语音教学中的模仿并非单纯地模仿他人的言语、手势，而是希望通过这样的活动对目标语语言者产生同感和认同，扩大语言的自我。

重视语音教学。语音教学并非只是语言初期的学习内容，经过初期集中学习之后，仍需要时常跟进复习、强化和巩固。语音学习不是一蹴而就的，即便到了高级阶段，还是需要重视语音，只是那时的学习重点在于语音的功能性。

2. 词汇

1) 教什么?

词汇是语言学习的关键。词汇学习要能辨认口语或书面语中的词汇，理解词汇所传递的意义，并用词汇表达意义。一般而言，词汇能力强的学习者阅读能力也更好一些，部分原因可以解释为：当学习者对词汇的辨认和理解达到高度的自动化时，学习者才能将有限的注意资源分配到词汇所传递的意义上，才能理解一句话，一段话所要表达的意义。为此，词汇教学的主要目的就是帮助学生识别、理解和记忆词汇，让词汇进入长时记忆，并能在需要的时候方便提取。

词汇由发音、形式、意义组成。从发音上分，词汇有多音节词、单音节词；从词形上分，有词根、词干、合成词、复合词、派生词；从词义上看，包括词汇的概念意义(也称为词典意义)、情感意义、文体意义等；从词与词的关系上看，存在同义词、反义词、相对词(husband/wife; above/below)、分级反义词(huge/very big/big/quite big; medium-sized; quite small/small/tiny; new/old, high/low)、多项不相容(多项分类, spring, summer, autumn, winter, week…)；部分与整体关系(face 包括 forehead, eyebrow…)，关联关系(kitchen: appliances, gadgets…)等；词组(动词词组, look into, call off)、习语(first of all)、固定搭配(a lion roared, a loud noise, heavy traffic)。词汇是有语法意义的，语法的体现方式之一是词形变换，与此同时，变换词形的词汇也会有语音的变化。所以，学习词汇要包括语音、形式、意义和用法。

词汇的选择。一般而言，教材已经对浩瀚的词汇进行了筛选，将词汇按照词频、学生的需求、兴趣、文化因素等标准进行了选择、排列并编入有序的教学单元之中，教师似乎可以按部就班地教学，而张思中的集中识字方法，将所有词汇集中，重新依照规律，按照从易到难、从最重要到次重要等方式排列，说明教师面对固定的学习材料也可以有极大的自主性和灵活性。

课堂用语的学习。除了教材上规定的词汇之外，一些日常课堂交际中的词汇应该让学生优先掌握，比如课堂用语：

1）问候与道别：Good morning! How are you? See you tomorrow.

2）发指令：Open your books at page 23. Look at the picture.

3）询问：Can you see, Tom? Would you like to move over here?

4）反馈：That's interesting/impressive. Very good/Marvelous.

5）交谈，如点名：Tony ... No? Where is he today? Does anyone know?

6）教学中要用到的基本词汇，如：true/false, tick/cross, get into groups/groups，等等。

7）师生、小组讨论中要用到的表达，如：How do you spell it? Can you repeat?

《英语课程标准》(2011 版)附录 9 提供的课堂用语，是教师课堂教学的常用表达，也是学生要理解并执行的指令，所以应该尽早让学生适应并掌握。

2）如何教？

词汇学习的方法很多，通过阅读呈现词汇是常用的方法。阅读文本提供的上下文可以帮助理解词汇，同时也是在帮助记忆词汇。依靠上下文线索获得词义，既是一种初识词汇的方式，也是一种加工方式以便词汇能进入长时记忆的方式。一般而言，教材提供的阅读材料中，文本之后往往会配合丰富的词汇练习，从基本的理解到半控制的运用再到自由运用，其目的是巩固词汇学习，直至达到内化。

获得词义的方式

新词汇的意义可以从其所在的书面或口头语境中获得，但仅有语境可能还不足以帮助学生获得准确词义，获得词义的常用方法还包括：

(1)实物，图片，展示；

(2)动作(全身反应法 Total Physical Response，TPR)，模仿和手势等；

(2)定义，利用同义词或反义词，举例；

(3)翻译，主要用于难以理解和解释的抽象词汇，但还是尽量少用，以免产生依赖。

例 1：T： She doesn't understand—she's a **foreigner**. A **foreigner**? No? A person from another country. Is … (an international teacher in that school) a **foreigner** when he's here in this country?

S1： Yes.

T： Is he a **foreigner** in the USA?

S2： Yes.

T： That's right. He isn't American. Is he a **foreigner** in England?

S3： No，he's English.

(来自《英语教学成功之道》p. 62)

例 2：T：Look at the picture. There are 2 persons. This man is **fat** and that boy is **thin.**

(PPT 上显示两张图片，一个肥胖病患者 A，一个非洲饥饿儿童 B。来自一教学比赛的课件。)

例 1 在师生问答中采用定义的方式让学生获得 foreigner 的词义，这就要求学生听懂、思考、判断，在获得意义的同时也加深了印象。在学生理解意思后，又问了最后一个问题来检查学生是否真正理解了这个新词的意义。

例 2 用图片展示的方式介绍 fat—thin 这对形容词，方式正确，但选取的图片不一定合适。肥胖者病人和饥饿儿童从形式上可以说明这两个词的含义，但他们本身应该唤起的同情等情感也许会被漠视。为此，需要提醒教师，在现在信息发达的时代，很容易获取任何的图片、视频但选取材料时需要考虑所选内容所反映的价值观，以及可能对学生带来的影响。

词汇的意义加工

学习的意向并不能保证有效学习的发生。如果学生能执行有意义的任务，涉及语义加工，并提供一个统一的主题来促进记忆中的"组织"，这样更可能记住输入内容。对词汇意义的加工方式可分为直接的加工方式和间接的加工方式。直接的加工方式，如词汇练习；对词汇进行加工，并归属到相关的框架中；给具体名词画图；要求将一组同类词汇进行排序，依从的标准可能是自己喜欢的程度、记忆的难易程度，发音的特点等(词汇分类见下文)。间接加工方式包括在听说读写中运用和巩固词汇，以及完成有意义的任务，如列出一组有关食物的词汇，要求按营养成分排序，或者按照学生认为的上菜顺序进行排序，或者要求学生按照食物的颜色进行搭配等。

以下举出几个例子，可以给词汇教学提供一种思路：

例 1：掌握课堂活动中的常用表达法，如：
true/false； tick/cross； regular/irregular； gaps/blanks； offer/accept； refuse/invite； get into pairs/groups； grid/chart/map/form； fill in/cross out/leave out/underline； top/middle/bottom, etc.

Direction：Study the following first and then do Exercise 1.

Time	6:30
Place	Rome
Reason	Tourism

√There is a tick at the beginning of this sentence.

In this sentence the word <u>dog</u> is underlined.

There are 2 blanks in the next sentence.

My _____ lives _____ Venezuela.

Italy

In the next sentence the blanks are filled in.

My **mother** lives **in** Venezuela.

The fifth word in ~~this~~ sentence is crossed out.

2+2=4 is true. 2+2=5 is false.

At the side of this piece of paper there is a map of Italy.

At the top of this piece of paper there is a chart.

I am going to leave out one word in the next sentence.

I come to _____ by bus.

I left out the word **school** in the sentence above.

然后可以将上述要求学习的词汇（true，false，tick，cross…等）用斜体或方框的形式突出，或者直接显示在屏幕或黑板上。接着要求学生完成下列活动。

Exercise 1
1. Write your name above this sentence and underline it.
2. Cross out the third word in the first sentence.
3. Draw a map of your country at the top of this piece of paper.
4. Put a tick at the end of this sentence.
5. Leave out question 6.
6. Ask your teacher a question.
7. Write a false sentence about yourself at the bottom of the page.

8. Put a cross in the middle of your map.
9. Fill in the blanks in question 10.
10. My name is _____ .
11. Is the answer to question 10 true or false?
12. Get into groups and check your answers.

（来自《如何提高词汇教学成效》，pp. 62-63，有修改）

例 2：掌握有关家具的部分词汇

Step 1：Design your room with the following furniture：a desk, a single bed, a chair, a bookshelf, a table lamp, a sofa

Step 2：Compare your room with your group members' and decide which might be the most popular.

例 3：词汇中的语音学习

Study the examples and then put the words in the box in the correct column.

	Example：liked /t/ handed /id/ changed /d/
visited, talked, watched	_____ _____ _____
studied, guessed, colored	_____ _____ _____
reviewed, played, warned	_____ _____ _____
...	

例 1 中，学生利用提供的例句了解了相关词汇的意义，然后运用词汇完成任务，并检查词汇的理解程度。例 2 是让学生对词汇进行有意义的加工。学生在设计的时候，会反复思考和"念叨"这些词，无论是通过书写还是画图的方式来把这些家具设计到位，会引起他们对词汇意义的关注，而且随后进行交流和讨论，在各抒己见的过程中会加深对词汇语音、意义的掌握。例 3 要求学生进行归类，这种归类的目的在于引导学生关注带有语法意义的词汇发音。动词在添加了 -ed 后，其发音也发生了变化。实际上，教学初期完

成了语音教学任务后，很少会关注这类单词的发音规则，但这种忽视会影响到学生的听和说，所以可以通过这种辨音归类的方式让学生关注并找到发音规律。

词汇的记忆

根据记忆的规律，有意义学习比机械学习更加有效。机械学习就是机械记忆，死记硬背；意义学习是指把新学习的内容和已经学过的内容联系起来，这样可以更加有效地把新知识存储在长时记忆当中。前文所提到的词汇意义加工就是意义学习的体现。进入长时记忆中的知识并不是学习的终点，就如同我们记住了单词并不是学习词汇的终点一样，我们的目的是当这些词汇以声音或文字的形式出现时，可以迅速、轻松地识别出其意义，从而获得信息；以及在需要以口头或书面的形式发表看法时能自如地运用这些词汇达到目的。那么，如何才能做到呢，只有不断的练习才是有效的方式。

时间的选择。德国心理学家艾宾浩斯对遗忘规律的研究发现，学习中的遗忘是有规律的，遗忘的速度先快后慢，如果不及时复习，一天之后，所学的知识就只剩下原来的 25%。随着时间的推移，遗忘的速度减慢，遗忘的数量也就减少。所以定期复习是必须的方法，张思中教学法中的"反复循环"也是利用了记忆的规律，反复回顾所学，加强知识的记忆。复习的方式可以是机械的，比如，把学过的词汇再复述，也可以用更有意义的方式，采用新的词义加工的方式。针对词汇记忆的方式，有人提出，定期复习，在复习旧词汇的时候把新学习的词汇整合进去；每隔一段时间，换一种语义加工方式，哪怕是不同的归类方式，都会让词汇学习更加有效。

英语词汇的记忆方法有很多，教师在词汇教学中也应该把词汇的多种记忆方法或技巧，如词根词缀法、联想记忆、分类记忆、空间记忆法等传授给学生，以提高词汇的记忆效果。

词汇归类

除了利用重音、词根等规律进行分类教学之外，还有很多其他的方式方法，如：

（1）按话题区分（如水果类，食品类，衣服类）；

（2）按活动或过程区分（如购物，做饭）；

（3）按同义词区分（ look/peer/squint/glance/stare）；walk（ go/ stroll/saunter/trudge/plod/toddle/stride/march/trot/strut/stalk/ shuffle）；

（4）按成对（或意义相反的）的词区分（old/new，buy/sell，lend/ borrow，beautiful/ugly，up/down，foresight/hindsight）；

（5）按规模、程度等区分（ human age：an infant/a child/a teenager/an adult）；

（6）按同词根区分（ care，careful，careless；pleasant， unpleasant）；

（7）按照语法相似或概念的相似归类区分（He's likely to…. It's bound to…）；

（8）按语篇的连接功能区分（ to begin with，in the second place，… finally）；

（9）构成习语和动词词组（ring up，call up；break off，break out， break down）；

（10）按照拼写或发音难度归类区分（饮食的词汇，如 menu， pie，vegetable，recipe，tough meat，steak）；

（11）按文体风格归类（如 cigarette＝ciggy；toilet＝loo）；

（12）按照语法意义归类区分（特殊的动词过去式和过去分词， AAA 型；put，let，read，etc.；ABB：hear，find，say，teach，make， etc.；ABC：know，draw，blow，write，etc.）；

（13）按照对学习者可能产生的难度进行归类区分（有的形容词 搭配方式可能对学生造成困难，如 sweet/dry wine，tough/tender meat）；

（14）按照音译方式区分（model/modern，tank/jeep，New York/ Beijing）；

……

3. 语法

广义来说，语法包括语音、词法、句法、语篇等，而狭义的语法主要是指句法。本处语法主要是指句法。实际教学中，学生觉得语法学习枯燥，没有太大的兴趣，但也明白其重要性，所以还是会努力学习的。但学习之后往往又会出现惰性知识问题（the inert knowledge problem），即学生在以语法形式为主的课堂上学到了知识，甚至可以按要求回忆起某个语言规则，但在实际交际中无法自发运用规则，这带来的后果就是影响学生的学习兴趣和热情。曾在一段时间内，交际法的盛行淡化了语法教学，而近年来，语法教学又重新受到重视。"语法结构是有意义的，学好语法是为了更好地理解意义。强调语义的中心地位，并不是说语法在语言教学和语言习得中不重要，相反，更强调通过理解语法结构的意义来学好语法，从而为理解意义服务。从另一个角度来说，掌握语法不是语言学习的最终任务，而是为了更好地理解意义和使用语言①"。

1）教什么？

语法教学的核心内容是形式、意义和功能。学习语法要学习其形式、意义，以及如何得体使用。而得体性问题可能要在高年级，或者是在语言能力更强的时候来讲授。语法在组织结构方面有 5 个重要作用：组织篇章，使之衔接；连接思想，改进篇章的连贯；增强篇章性（texture），使篇章成为一个整体；联合起来建立话语模式；承担话语功能，连词成段。

语法教学的难点。语法教学中，形式、意义或用法都可能对学生带来困难，但不同的语法项目可能难度不同。教师需要知道学生学习某项语法的主要难点，安排更多的时间、给出更多的正例和反例、提供更多的机会指导学生练习重点，而不是平均花费教学时间。比如，被动语态的学习。Be+done 的形式并不难学，但用法难

---

① 刘正光. 认知语言学的语言观与外语教学的基本原则[J]. 外语研究，2010(1)：9.

学。实际教学中，教师利用主动语态的句子来引出被动语态的学习，让学生产生一种印象，似乎所有的主动语态都可以改成带 by 的被动句，并且会觉得主动和被动表达一样的意义，只是形式不一样而已。这样的理解显然是不完全正确的。教师如果提前预测到学生的学习难点，在教学中就会有意识地给出典型的语境，让学生观察到被动语态的意义和使用的语境。

频率问题。任何语法项的学习也不是学一次就够了，而是需要反复训练和不断丰富的。教师应该设计较多的活动，或者提供较多的机会让学生能经常使用学过的语法项目的形式和用法，同时，在学习的过程中不断丰富语法项目的意义。比如，学生初学"过去时"，只记得过去时是表示过去的某个时间发生的动作或存在的状态，但随着学习输入的增加，学生一定会遇到过去时用在现在情境下的现象。如"Would you mind opening the window? I thought you were there"，所以，教师需要及时地补充"过去时"的表意功能，让学生更好地掌握和运用语法来理解和表达思想。但要注意的是，语法学习需要多练，这不是说要进行机械地复习和操练，而是要学会有意义的运用。

2）如何教？

语法教学的中心原则是"意义"。教师教语法不是教无意义的规则，而是要让规则灵活起来，富有生命力，对学生产生意义。

语法教学的步骤或程序

语法教学中提倡交际法，就是让学生以探究的方法去找寻语法的规则，但使用最广的还是：呈现——解释——练习这种模式。

（1）呈现。以听或读的方式呈现含有要学语法项目的内容，引起学生对形式和意义的注意，让这些内容进入学生的短时记忆中。同时，呈现的例子本身就可以作为范例，让学生跟读、记忆、抄写等。

（2）提炼讲解。把要学习的语法点单独提取出来，单独讲解语法形式的构成和用法。比较难的语法项目，教师会用母语解释或者翻译，或者用归纳或演绎的方式进行讲解，目的就是帮助学生理解。

（3）练习。目的在于帮助学生将所学内容从短时记忆移入长时记忆，帮助学生吸收并记住。练习可以大致分为三个层次，形式为主的练习——半形式半意义的练习——强调运用的形式练习。单纯以形式为主的练习可能比较单调和枯燥，所以一旦教师发现课堂中学生掌握了形式就应该尽快转移到第二个层次和第三个层次的练习上去。

语法教学的要素

（1）纠错与成功导向。语法规则的学习难免枯燥，如何保持学生的学习兴趣和动机对学习效果非常重要。语法学习中常用纠错的方式来促进学生学会某项语法，这固然是不错的方式，而学习成功的经验更能产生良好的效果。学生不仅感觉学会一个语法内容，而且有助于发展他们的学习兴趣和动机。这种成功导向的教学有助于创建积极的课堂氛围，产生放松、自信和动机高涨的气氛。

（2）练习要适合不同的学生。要有难易程度不一样的练习满足不同的需求。

例 1：A male chauvinist（大男子主义者）_____ help with the washing-up.

A. don't　　B. isn't　　C. doesn't　　D. aren't

例 2：A male chauvinist doesn't help with the washing-up. What else doesn't he do?①

显然，例 1 对于绝大多数学生来说没有难度，可以很快选出正确答案 C. doesn't。对于成绩好的学生来说，这个题目没有任何的挑战性。例 2 则不同，它让不同程度的学生都有事可做，而且教师

① Ur, P. 如何通过课堂活动教语法［M］. 北京：外语教学与研究出版社，2009：13-14.

还可以根据答案的不同判断学生的英语水平。

答案 1：He doesn't approve of women going out to work.

答案 2：He doesn't cook.

答案 1 显然从词汇和句子的复杂程度上胜过答案 2，两个答案提供者的英语水平也高下立现。教学断然不是要区分好坏，而是要帮助每个学生实现最大程度上的教育可能性和教育的成功。例 2 给不同的学生提供了发挥其水平的空间。从质量上看，英语水平强的学生还可以举出更多的例子，用到更丰富的词汇，而水平不那么好的学生，也可以用最简单的词汇来表达他们的思想。

（3）趣味性。提高学生的学习兴趣，尤其是内部动机，即对语言学习、语法规则的本身的兴趣是至关重要的，这种兴趣比依靠有趣的活动形式更能长久地支持学生的学习；在教学中常常可以观察到，学生可能兴高采烈地参与活动，却忘了在活动中学习。关于如何提高语法学习的兴趣，下文将专门陈述。

（4）讲解的价值。如果规则很复杂，教师最好首先让学生接触语言实例，然后配合明确的语法讲解；即便是以演绎法来讲授，也要呈现语法出现的语境，而不要直接呈现语法规则。研究者发现，习得某些第二语言知识需要更多的、有意识的显性讲解。此外，某些固定的惯用语搭配也能从显性的讲授中获益。"既接受外显规则又接触内隐语言形式的学生收获最大"①。教师可以利用外显规则有选择地选取某些语言输入，从而缩小学生的假设空间。

（5）重视输出练习。理解语法项目有助于学习，但仅有理解是不够的，语法是一项技能，需要多加练习，而且是有意义的练习，尤其是在尽可能真实的语境下进行练习，这不仅可以强化学习者的理解和记忆，提高他们的语言流利程度，还可以促进学习者语法的发展，有效地解决惰性知识问题。

（6）语法意识的培养。语法教学不仅要让学生学习语法的形式、意义，还要培养学生的语法敏感性和观察力，培养语法意识，对语

---

① 拉森·弗里曼著. 语言教学——从语法到语法技能［M］. 董奇译. 北京：北京师范大学出版社，2007：110.

言的态度。语法不只是死板的规则，更是学习语言的工具。由于课堂上时间有限，语法教学所涉及的用法可以说是最基本的、最核心的用法，而学生在课堂之外可能遇到一些和课堂学习的语法不一致的现象，那么，教师如果能培养学生对语法的敏感性和分析语法的能力，适当教给学生一些学习语法的方法，让学生自己学会归纳、研究，培养探索的意识，这可能对学生更有价值，为他们的可持续性发展会提供更多的可能。

(7)语法新问题：语法规则与可接受的规则。语言规则是一种基本的共性，但不是绝对的，要了解其他的文化、语言，才能被社会接受，这也是为什么要懂得一些文化性的知识。英语作为世界性的语言并不只是英国人或者美国人在使用，法国人、印度人、亚洲人，很多人都用英语来交流，但对规则的理解和运用程度却不一样。所以，我们不可能要求所有的人都用一样的规律，包括英式的发音和美式的发音，拼写和语法，我们必须尊重一种共同的原则，同时，要培养一种善于去理解，愿意去理解的心态，能够意识到彼此的不同，并能够找到折中的方案来进行合适的沟通，因为语言终究是要拿来运用的。"英语作为一门世界性语言，也在不断发生变化，逐渐脱离本族文化的束缚……当法国人遇上意大利人时，了解这种交际方式对两人的谈话并无帮助；在这种情况下，他们使用的可能是不同的得体性规则。因此我们只能通过讨论规范使学生意识到可能对交流产生影响的语用因素，却无法保证这些因素能完全起作用。"①

语法练习

按照认知心理学的解释，对复杂的认知技能的学习不仅是一个技能的自动化过程，还是对以前习得的信息进行重组的过程。"由于习得和使用是在不同的时段发挥作用的，所以在学习者能够独立使用某结构之前，这种借助媒介的练习还要持续一段时间。""输出

---

① 拉森·弗里曼著. 语言教学——从语法到语法技能[M]. 董奇译. 北京：北京师范大学出版社，2007：70.

练习的作用不仅是提高对学习者过去习得知识的运用能力，而且学和做是同一时刻发生的。"练习的作用似乎并不是直接或自动加快行为的熟练程度，而是通过加快学习者的信息处理过程，来促进言语行为的发展。输出练习可能带来的益处可以总结为："帮助学习者练习习惯用语，提高语言流利程度；加快自动化，解放注意力资源；引起知识重组，修正和重组内部表征。"①

"熟能生巧"揭示了学习的过程。只有对语法规则的熟练程度达到自动化的时候，大脑才能够将注意力转移到文本提取、分析、推理上。让知识达到自动化只有一个方法，那就是练习。练习活动的设计需要考虑下列基本标准：练习必须有意义并能吸引学生；练习必须是有语境的。通过有意义地使用这些语言的构成方式，让学生看到语法学习的用途和价值，他们才会更有兴趣去学，同时，在具体语境下使用语法，可以让语法的形式和意义结合起来，有助于解决惰性知识问题。学生使用语法的过程中也会逐渐加强对语法意义的认识，甚至能找出规律，获得成就感。此外，练习的时间也需要考虑进去。研究表明，有时间间隔的练习比集中练习更有效，可以更好地保证学生的学习效果和保持对语法的学习兴趣。

输出练习活动设计的基本标准：

1)有意义、有语境并能吸引学生。学生习得这些结构或形式的最佳方式是有意义地使用，而不是脱离语境的机械学习。这样，学习者在提高语法能力的同时也会把语法当做一种意义的来源。任何练习活动本身必须要能激发学生的兴趣，让学生觉得值得去做。

2)练习有针对性。学习的难点，包括形式、意义或用法上的难点才是练习的重点。为了把学生的注意力集中到某个难点上，还可以在练习中增加条件限制，如下文的例子：

例1：What really happened?

Objective：Students can use past tense for narrative; can read out

---

① 拉森·弗里曼著. 语言教学——从语法到语法技能[M]. 董奇译. 北京：北京师范大学出版社，2007：122-124.

and understand short sentences and discuss what really happened.

Material: 4 grids, each giving partial information about a sequence of events involving 4 characters and certain times, as in the following.

Grid A	Jan. -Jun. 1986	July- Dec., 1986	Jan. -June, 1987	July-Dec., 1987
Alex	Met Don in Chicago, Feb.			
Myra			Paid $ 2m into New York bank, March	
Don				Was arrested in Paris, Sept.
Ken		Talked with Myra in restaurant, New York, Sept.		

Grid B	Jan. -Jun. 1986	July- Dec., 1986	Jan. -June, 1987	July-Dec., 1987
Alex				Threw himself under a train in London, Aug.
Myra		Had baby, London, Nov.		
Don	Paid Alex $ 10m Chicago, March			
Ken			Was at Don's wedding, London, May	
Grid C	Jan. -Jun. 1986	July- Dec., 1986	Jan. -June, 1987	July-Dec., 1987
Alex		Paid Myra $ 1m, New York, Aug.		
Myra	Stayed in Chicago hotel, Jan. -June			

续表

Don			Married Myra, London, May	
Ken				Adopted Myra's baby, Paris, Dec.

Grid D	Jan. -Jun. 1986	July- Dec., 1986	Jan. -June, 1987	July-Dec., 1987
Alex			Met Myra, New York, March	
Myra				Fell from high building and died, London, July
Don		Met Myra, London, Dec.		
Ken	Saw Don with Alex, Chicago, Feb.			

（*From* © 1986 Cambridge University Press，转引自《如何通过课堂活动教语法》，p. 223，有修改）

例2：Who is the murderer?

A man was killed last night. A policeman wants to know：What were they doing at 10 o'clock last night?

Here are some people's answers.

Mr Green：I was watching TV with my wife and children at 10 o'clock. Then I went to bed after 10:30.

Mr Brown：I was a doctor. I was going out to see a patient at 10 o'clock. I got home at about 12:00.

Mr Black：I was reading newspapers at home yesterday evening, but I was too tired and fell asleep.

Here are the answers of their family members of friends.

Mrs Green：My family were watching TV all the evening. And we went to bed at about 10：30.

Sally（Mr Brown's patient）：Uncle Brown was so nice that he came
to see me as soon as I called him. He
looked me over carefully and was very
friendly to me. He left my home at
about 11：30.

Mrs. Black：Mr. Black went out after supper. I went to bed at 9：30,
but he didn't come back yet. I didn't know when he got
home.

Little detective, who can probably be the murderer?

（From http：//www. kaipingqu. com/Article. asp? id=18113）

例 1 利用信息沟促进学生的交流。首先学生需要理解自己已有的信息，包括短句、简写；其次，在和同学合作补充信息的时候必须用完整的句子来回答和提问，这种问与答是基于真实的信息而产生的，是一种真实的交际，提供信息者要求用完整的句子来回答，而听者又需要以简短地记关键词的方式记下重要信息；最后结合所有信息还原这个故事。在这一问一答的过程中，学生会反复使用过去时，达到了训练目的，同时，通过获得完整的故事，也满足了学生的好奇心。例 2 成功地把学生注意力转向了语言形式和意义。为弄清谁是凶手，学生首先要从文本中识别过去时及表达的时间点，然后通过比较时间的吻合程度来做出最后的判断。学习的过程充满探究的乐趣。

如何激发兴趣

1）话题。话题内容是引起学生兴趣的关键，但很难确定哪些话题能引起兴趣。在确定话题前，我们可以先试着问自己：学生会有话可说吗？该话题能够刺激他们的想象和好奇心吗？是他们已经熟悉或者经历过的、愿意和他人讨论或分享的事吗？除了设计符合学生兴趣的话题之外，经常变化也是一个有效方法。变换教学方法，变化话题的领域都会引起学生的兴趣。

2）引起注意。提供可听可看的东西帮助学生把注意力集中到任务上而不是其他内容上。如文本图画、图标、海报，包括教师自身的脸部表情等。

3）开放性。允许不同的学习者有不同的反应，这样有助于产生不同的、有创意的想法。

4）信息沟。强调未知信息，并利用未知信息完成任务。

5）个人化。利用教师或某位学生的真实经历，以及某种看法和感觉等设计话题。

6）和谐的紧张。游戏因为紧张而有趣。语言课堂上不是真的做游戏，而是从游戏的方式开展语言活动。比如造句比赛，在 2 分钟内造出 10 个使用过去式的句子，看哪个小组造得最多。

7）角色扮演。以小组为单位，分派不同的角色进行短剧排演等。
……

三、语言技能教学：以阅读为例

阅读作为一种方法，可以用来帮助理解和运用词汇、语法。所以，词汇学习的重要方法之一就是广泛阅读；再者，英语教学中的阅读也是一种手段，它可以帮助学生从各种文本中获取信息，了解不同国家的社会、文化、政治、经济，开阔视野，同时，阅读是一个高度复杂的认知过程，在理解文字获得信息的过程中，学生要经历记忆、理解、分析、综合、评价等认知过程，也是对学生思维能力的训练，而且这种能力也是一种普适性的能力。可以说，阅读能力既是英语教学的目标，也是英语教学的手段和方法。"学会阅读是国民教育的一个重要目标，因为快速、自动化的阅读能力通常是保证学业或工作成功的前提条件。"[1]从这句话可以看出，快速、自动化是评价阅读能力的标准，学习和工作是学习阅读的目的。阅读教学首先是帮助学生学会阅读，掌握阅读的策略和方法，具有流利

---

[1] 迈耶著. 教育心理学的生机——学科学习与教学心理学［M］. 姚梅林等译. 南京：江苏教育出版社，2005：19.

的阅读能力；其次，是从阅读中学习，获取信息，理解文本的结构，对文本内容和作者进行评价，进而进一步学习语言。

1. 阅读理解的过程

理解阅读过程可以帮助教师更好地预测学生的困难，有效地设计、组织和实施教学。"阅读活动实际上是一种语言知识的实践和实现。"[①]"最低限度地涉及了语言、记忆、思维、智力和知觉。"[②]理查德·迈耶(2005)总结了阅读的心理学研究成果，指出：阅读涉及四个过程：辨认组成单词的语音单位(音素意识)，将书面符号解码成可发音的单词(解码)，在长时记忆中获得每个单词的意义(获得词义)，将各个单词整合成连贯一致的句子(理解加工)。William Grabe 和 Fredricka L. Stroller (2002)总结认为，流利阅读的过程包括：快速识别词汇意义、有效整合语言、激活背景信息，遇到困难时自觉使用策略、调整方法，以达到阅读目的的过程。这个过程首先是一个语言的过程，不懂英语就没有办法读英语写成的文字，同时，这也是一个不断总结、推理的过程。

阅读中首先要识别词汇获得意义。一般来说，看到字母会想起能够组合成的单词，一旦看到单词会不自觉地想到其发音，然后得出意义。阅读要达到的自动化程度是：一看到单词，就能想到了意义，而达到该程度，只有依靠大量的阅读训练。

句法分析，是指阅读者在单词识别时，能够把词汇储存起来，以便获得基本的语法信息。阅读者能快速识别短语构成、单词排序的信息、从属和统领关系，可以帮助阅读者快速确定单词的含义，决定一句话中的指代。分析的过程一般是很快的，除非遇到困难而无法自动解析。很多学生并不是不懂得语法规则，而是缺少足够的机会让他们对语法的分析能力达到足够熟练以至于自动化的

---

① 束定芳，庄智象著. 现代外语教学——理论、实践与方法(修订版)[M]. 上海：上海外语教育出版社，2008：116.

② 斯腾伯格著. 认知心理学(第3版)[M]. 杨炳钧等译. 北京：中国轻工业出版社，2006：254.

程度。

语义假设的形成。把识别得出的单词，连同语法线索再与前面读过的内容连接起来就构成了更大的有意义的单位，这就是语义假设的形成过程。词义、句法和语义构成阅读理解的基础阶段，也是低级阶段。而这些过程都发生在工作记忆，或者叫短时记忆中。因为记忆的容量和时间有限，如果处理前面的内容不够迅速，前面获得的信息就会逐渐消退，需要重新激活才能阅读下面的内容，这样就会造成阅读的低效。

接下来，能够前后连贯的信息就组合成更大的意义，而没有办法组合成整体意义的信息就会从工作记忆中消失。在新信息不断地整合进文章大意的过程中，背景知识和图式知识，会帮助理解语篇的结构，确定单词和句子的确切意义。

随着对课文大意的形成，读者会很快根据自己的阅读目的来解释所读的内容。在弄清课文大意和按照个人需要进行解释文本时，背景知识和推理起着很大的作用，运用得不好甚至会误导读者。在获得大意和解读文本的过程中如果遇到困难，读者就会监控自己的阅读行为，采取策略，重新阅读，修补自己的阅读问题等，这个过程为控制加工过程。这个控制加工过程也是一个评价自己阅读的过程。总的来说，阅读过程中，哪怕是理解简单信息，也是从单词辨别开始的，会对要读到的内容所需的背景知识产生一定的预期。如果所读文章太难，缺少背景知识，语言资源不够，或者阅读同类文章太少，都可能会影响阅读的效率。

2. 阅读中的常见问题及对策

1) 词汇问题。词汇的量与熟练程度会影响外语学习的效果，尤其是阅读。对于外语学习所需基本词汇量的大小并没有准确的研究结果。确定的是，外语课堂上没有那么多的时间来专门进行词汇学习和训练，也不可能给出那么多的时间用于词汇学习。即使张思中的教学法，也只能集中强化 2~3 周，而且还包括词汇、语法和语

音。课堂教学不可能教给学生所有的词，但是可以着重教学生掌握
2000~3000个最常用的核心词汇，达到自动化的程度，同时帮助学
生学会收集储存在某些话题和学习领域中的词汇。那么，如何持之
以恒地、有效地让学生养成搜集词汇习惯的呢？

——当学生遇到生词问教师的时候，不要直接告诉，而是把学
生的问题当做一次词汇学习的机会，教给学生词汇学习策略的好办
法。

——教会学生用词典。

——帮助学生养成搜集词汇的习惯。

有的学生有积累词汇的好习惯，有的需要教师引导。教师
每介绍一个方法时，要延续2周的时间，以便学生适应和熟练
使用。每次上课花10分钟的时间介绍一种方法，坚持下去就会
有效果。词汇搜集策略举例：把单词和意思写在自制的单词卡
上；每个单词给出定义，写下包含单词的句子；单词卡上包括
新词、意思、例句以及帮助记忆的特别方式；把词分成动词、
名词、习语等记录下来，写下该词出现的语境，然后造句；按
主题或分类搜集词汇。当学生学习和掌握了各种方式之后，可
以让学生回顾这几种方式，并按自己喜欢的方式排序，确定最
适合自己的方式。

——增强课外阅读量和词汇辨别练习；以小组和结对子的方式
进行朗读；通过复读活动提高词汇和阅读水平。

2) 记录速度，提高流利性。把同等长度、不同话题的阅读材料
给学生练习，记录时间和阅读的准确率。在开始训练时，可以在课
堂上讨论阅读速度和阅读技巧之间的关系，介绍要记录时间的文章
和抽查方法。课后，将学生的数据统计后再评估出阅读能力好坏。
计算方法：统计准确率达到70%时的阅读速度，然后算出平均时
间，之后根据学生的阅读速度布置不一样的阅读作业，并继续跟踪
记录，如下表所示。

	Date	Rate	N correct	Length	WPM	Note（difficulty）
Example	Mar. 4	4′30	8/10	400 ws		Voca.
Passage 1						
2						
3						

3）策略问题。好的读者往往自动使用阅读策略。"预测内容"、"总结阅读内容"等阅读策略是需要学习的，值得教师在课堂上花时间讲解并大量练习。教师应该在阅读课中有意识地引导学生使用，甚至详细地解释如何使用，并提供使用的机会让学生练习并体会到这些策略对他们阅读效果的影响，获得成就感，从而逐渐将课堂上的有意使用渐渐变成一种自觉的行为。训练策略的方式，比如，教师可以利用问卷调查方式了解学生常用策略，对于有些没有使用的策略可以通过课堂重点讲授。教师介绍某种策略时，先用言语示范，以提高学生使用不同策略的意识，然后设计活动来鼓励学生使用策略进行阅读，最后引导学生进行反思。阅读材料中有困难的地方就是引导学生使用策略的好机会，通过使用策略来解决难点，如果同时辅以大量的练习机会，效果会更好；教师也可以布置要求使用策略的阅读任务，来提高学生的策略使用意识和熟练程度。

3. 阅读教学

阅读教学不仅要教给学生会阅读，还要教给学生如何从学习阅读转向从阅读中学习。在进行阅读教学时，教师首先要能识别学生在阅读中可能遇到的困难，比如：缺少背景知识、文本的结构不清晰可能给学生造成困扰，文化冲突问题、话题富有挑战性；语言难度(句子太长，新词太多)；课文篇幅较长，文中涉及的概念超出学生的理解等，通过对这些难点的判断，教师不仅可以决定选用什么材料，可以确定要使用和讲解的阅读策略，还可以帮助学生计划将要从阅读中学到的信息，运用的认知能力等。可以采用以下方法：阅读一篇文章之后，提出有效的概括策略；使用图形的方式表现课文信息的组织方式；鉴别重要的词汇并学习词汇；把信息和多种来源整合起来；识别课文中的证据类型；识别课文中标志的信息级别等。阅读教学中，教师应该：

1）让学生体验阅读，而不是让教师的讲解代替阅读。教师可以引导学生如何阅读，但不能代替学生去理解。学生自己不经历阅读过程，是无法提高阅读理解能力的。

2）教学生阅读的策略与方法，而不只是词汇、语法。教师要教给学生熟练使用各种阅读策略，并在精心设计的阅读活动中运用。

3）广泛阅读，积累阅读经验。阅读能力的训练并不是仅仅为了用在课堂当时的环境，而是为了今后更大量的阅读。课堂教学中应该让学生体验描述文、叙述文、说明文、议论文等不同体裁的文本，知道不同的文本应该有不同的阅读目标和阅读方法。

4）引导学生分析文本，了解不同的思维，包括篇章内部的衔接方式、整个篇章的构思、词汇所包含的隐喻思维等。从阅读中学习，从文本中获取意义，而不是仅仅把阅读作为一种练习语言的工具。一般而言，英语教材中的英语文本，反映的是英美国家的普通生活现状、文化习俗等，随着学生英语水平的提高，所选材料的语言真实性也会逐渐提高。引导学生从文本中获得信息，增加对他国文化的了解，能够开阔视野，丰富知识。

5）激发动机和兴趣。喜欢阅读的学生未必喜欢英语阅读，为了提高学生的阅读动机，教师可以选取有意思的话题。比如：教师通过调查，了解学生的阅读习惯、方式、感兴趣的内容等，在教材中增加他们感兴趣的形式和内容，以吸引学生参与阅读。

6）技能整合。阅读不是孤立的技能，尤其是对学生而言，读和写常常联系在一起，所以在阅读教学中，要有机整合不同的技能，如：读后写概要、记笔记、把信息整合进报告中，写简短的读后感、写评论等；听和读之间的整合主要表现在：听之前如果读相关的内容，可以提高听的效果；此外，听读的同时也能促成口语的输出。

7）阅读意识的培养。这主要指对课文结构和篇章组织结构的意识。有研究表明，快速识别语篇的组织模式能加快阅读理解的速度。任何一个语篇中的组成成分总是按某种模式联系起来，如问题解决模式、对比与比较模式等，而且，一般会有明显的词汇成语法标示。掌握这些有助于学生理解文本，尤其是理解难度较大的文本。

本章从张思中的教学法开始，讨论了语言知识和技能的关系，然后逐一讨论了语音、词汇、语法等语言知识的教学内容、方法等，最后以阅读技能为例，探讨了技能教学的内容和方法。

第四章　注意与动机

一、注　意

1. 注意对学习的意义

"注意是大多数学习和记忆的要素"[1]，加涅在其教学设计中将"引起注意"列为教学第一事件，可见注意对学习具有非常重要的作用。根据信息加工理论，首先要注意到信息，信息才可能进入工作记忆中得到加工，最后进入长时记忆得以永久保存。没有注意到的信息无法进入记忆。第二，学习者会选择性地注意刺激的某些方面，这些方面或者与学习目标有关，或者是新奇的，需要额外加工资源的，或者是与众不同并能无意识吸引注意的，这称之为选择性注意，即学习者在忽视其他信息的同时选择和加工某些信息的能力。最后，注意的容量非常有限，已经习得并加以练习的技能通常不需要学习者更多的注意，从而使得学习者能将更多的注意容量分配给相关的更高水平的任务。

那么，如此重要又如此有限的注意究竟是什么？研究者把注意看成一种状态、一种资源或一种过程。认为注意是一种状态，是指学习者维持一种对信息的预期、警觉并忽视干扰的态度。此时，学习者表现出对学习的内容感兴趣，反之，则会厌倦，不会专注于学

---

① 奥姆罗德著. 教育心理学精要(第 3 版)［M］. 雷雳等译. 北京：中国人民大学出版社，2013：25.

习。注意作为一种资源，是指学习者选择性地将更多的注意分配给几个同时出现的事件中的某一件事情上的能力，这种分配可能是有意识也可能是无意识的。最后，注意作为一种过程涉及选择特定的信息而不是其他信息，以便进一步分析和解释。① 总的来看，注意是有选择性的。研究发现，有些因素是可以影响注意的，比如：对学习者有意义的内容会引起注意，竞争性的任务或类似的信息源会影响注意，任务的复杂程度或者难度也会影响注意。此外，因为年龄的不同，对注意力的控制能力也不一样。

注意在外语教学领域也有专门的研究。Schmidt 在综合了认知心理学和二语习得的研究基础上提出了注意假说（noticing hypothesis），认为注意力是语言输入的充分必要条件。只有当学习者理解并且有意识地注意的时候，二语习得才能发生。虽然注意不能保证习得的实现，但习得某个语言形式的前提之一就是学习者必须有意识地注意到这个形式，同时能明白这个形式代表的意义。虽然对注意假说还存在争议，但选择性注意已经成为二语习得的研究共识。

2. 教学中吸引和保持注意的方式

注意对学习的重要性是毋庸置疑的，教学中如何引起注意、保持注意，这是多数教师关心的问题。对注意的研究成果能帮助我们有效地组织教学，以下列举部分方式：

1）采用言语或行为措施提醒注意。教师明确提醒或者告诫学生要集中注意力。有的教师使用固定的言语或者行为方式来引起学生的注意。比如：当老师说"Let's start our lesson!"时，学生便知道要开始上课了，注意力就会转移到课堂上来。有的教师通过拍手等方式，表示要学生安静下来，开始上课。在小学阶段，为了让学生集中注意到重要的学习内容上，有的老师会大声说"请安静"，学生立刻回答"安静了"。接着，学生会自觉安静下来，准备进入学习状

① 德里斯科尔著. 学习心理学——面向教学的取向（第 3 版）[M]. 王小明等译. 上海：华东师范大学出版社，2008：237-238.

态。如果从开学起就使用这种程序化的方式，并形成习惯，能够让学生较快地进入学习状态。

2) 通过新奇、不确定或者很不一样的教学情境，或者提出问题等方式来吸引学生的注意。比如，教师先播放一段视频资料，这不同于惯常的先介绍教学目标再开始学习的程序，会让学生因好奇而注意；通过颜色和印刷样式的不同，变换声调、手势，用新奇的方式来突出要学习内容的特征，以引起学生的注意，如为了让学生注意到说话中语调的变化，教师可以用上升或者下降的手势来引起学生对语调变化的注意。

3) 用有趣的、有意义的学习内容或者方式引起注意。比如，学习字母时，教师要学生站立，双手呈 45°角上举组成字母 Y 或者让两个孩子弯腰拉手组成字母 M；当学生学习"健康食品"这一单元的内容时，要学生分析评价自己每餐的饮食等。这些内容关联到学生的生活，让他们参与从而能吸引学生的注意力。

4) 身体参与。英语教学法中的全身反应法，就是让学生充分参与的例子。学生在参与的过程中会把注意力集中到所学的内容上来。

5) 记笔记。这也是身体参与的一种方式。因为要记笔记，学生必须注意听讲。无论是在听课还是在小组讨论中，要求学生做笔记都是集中注意力的有效方法。

6) 调整难度或者变换形式。比如教师讲解词汇后，立刻要求学生用所学词汇在规定时间内造句；在词汇复习中，把学生学过的词集中在一起，让学生按照词性、重音，或者某种方式进行分类；通过变换媒体或小组成员的学习方式来吸引学生的注意力。让学习活动或者任务富有挑战性，会迫使学生集中精力来完成学习任务。

7) 减少分心的因素。上课期间，教室周围是否安静能够影响到学生的学习状态；教师的穿着也会成为学生议论、注意的方面；有些教学课件的设计本身就会容易引起学生的分心。有的老师为了增加课件的观赏性和趣味性，会在制作的 PPT 中增加一些动画效果，如跑动的小动物，不断落下的树叶、花瓣等；有的还加入音响效果，让每一次翻页都伴随有风铃声等；有的课件没有这些内容，但背景过于喧闹，装饰太多几乎掩盖了内容；这些都会分散学生对主要信息的注意。但这并不是说，所有的动画、音响效果、背景都不应该纳入课件的设计，而是说，要适当使用，以免有些元素的增加起到相反的作用。

8）要教给学生选择注意的方式。比如，听力教学中，可以有意训练学生注意听取信号词，如 For example，Now，I would like to…等，不同的信号词会预示不同的内容。如，听到"For example"之后，学生知道将要听到用来支持前面观点的例子。假如例子之前的观点没有听懂，此时关注这个例子就可以推测前文的观点。当听到"Now…"，学生会预期到，讲话者要开始正式的内容，或者要转换到一个新的阶段或者话题上了。在听力中选择性地注意一些内容，可以帮助学生提高效果，而同样的方法用于阅读也一样有效。

9）训练学生集中注意力。通过练习可以增强保持注意力的时间。有很多种训练方式，比如朗读和回答问题。要求学生在快速默读一段文字之后，立刻朗读该段并回答与这段文字相关的问题；要求学生在较短时间内完成练习；确定目标，要求在规定时间内完成某个任务，达到某一个目标等，这些方式都要求学生在一段时间内集中所有的注意力去完成某项活动，经过一段时间的训练，学生注意力的集中程度和长度都会得到提高。

10）教给学生调整或控制注意力的一些方法。比如，学习课文已经有了一段时间，却发现无法读懂或者记住内容。那么，此时可以停下来回想一下能记住的内容，在已经记住的地方做个标记，然后休息一下，或者做点其他的事情，以此让注意力转移到其他方面。是什么造成这种没有效果的状态呢？这是因为一直保持一种状态，就会成为一种习惯，这种习惯会造成注意力分散，在此情况下，中断手中的任务，将注意力转向其他方面，实际上是在调节注意的焦点以增加刺激的变异性，再回头去学习，会收到比较好的效果。

11）语言学习中的形式教学。语法形式的教学在外语教学中一直存有争议，以语法翻译法为代表的传统教学法注重语法形式的教学，但受到以交际教学法为代表的重意义的教学的冲击。但随着二语研究的发展，语法形式的教学又重新受到重视。根据注意假说，学习者要习得某种语言形式，必须注意到这种形式。仅仅给学生输入大量的含有目标结构特征的内容，并不能保证学生会注意到语言形式，教师需要有意识地引导学生去注意这些形式，才能够加速学习的过程，促进有效习得。教师要采用多种方式来唤起学生对语言形式的注意，比如，使用下画线、粗体字或者不同的字体、颜色等书面的方式引起学生对语法形式的注意；将语法结构从语境中隔离出来，详细讲解规则、设计活动来引导学生发现和练习语法规则，都可能引起学生的注意。但要指出的是，口语这样的输出活动，并不一定能帮助学生提高语言的准确性。因为工作的记忆决定我们不可能在同一时间给予内容和形式同样的关注。在谈话时，如果说话者关注了内容，便会对形式顾及不到；反之亦然。所以教师教学中需要帮助学生选择性地注意，促使学生以不同于母语的方式关注语言形式。同时，教师在设计活动时也应该明确活动的目标：在某一项活动中意义还是形式，哪一个更重要。

二、动　　机

动机"是指引发和维持目标导向行为的过程"[1]，"是一种可以激发、指向和维持行为的内部状态"[2]。奥姆罗德(2013)对动机研究进行了总结，认为，动机的目标指向性可以帮助学习者决定其行为。比如，是选择完成作业还是推迟，甚至不做。动机可以影响学习者在活动中付出的精力和投入的时间。从学习者完成作业的质量和数量上就可以看出学生的学习热情和付出的精力。动机能够影响学习者的认知过程。在教学中，动机强的学生在听课中会更集中注意力，并采取各种策略来加工记住新的信息，而动机弱的学生可能会被动学习。可以看出，动机对学习者行为和认知过程具有影响。研究也证明，学习动机与学习结果呈正相关的关系。动机分为内部

---

[1] 德里斯科尔著. 学习心理学——面向教学的取向(第3版)[M]. 王小明等译. 上海：华东师范大学出版社，2008：263.

[2] 奥姆罗德著. 教育心理学精要(第3版)[M]. 雷雳等译. 北京：中国人民大学出版社，2013：177.

动机与外部动机。一般认为，出于对英语语言本身的兴趣而产生的内部动机要比因为要参加英语考试而形成的外部动机更有助于学习者的学习，但这并不是说，考试得到高分这样的外部动机就一无是处。在某些年龄阶段，当内部动机持续低下时，需要借助于外部动机来促进学生的学习。下面先探讨影响动机的因素、不同年龄段学生的动机特点，然后介绍激发、维持和提高动机的策略。

1. 动机的影响因素

1）好奇心和兴趣。"兴趣是内部动机的形式之一"①。学习者从他们感兴趣的内容中收获更多。新奇、生动的方式；与学习者生活环境相关的主题、事件、事实等；以及能够引起学习者感同身受的内容等都能够激发学习者的兴趣。此外，不管是哪个年龄阶段的学习者都会有自己的兴趣，如果教学内容与个人兴趣相关，他们的学习动力会更大。关于学习的知识和兴趣的关系，有研究者认为，二者之间相互影响、相辅相成。兴趣可以激发学习者对相关内容进行更深入的学习，而通过更深入的学习，对相关内容了解更多，知识更丰富，也会让学习者的兴趣更加浓厚。

2）目标和目标定向。学习者往往会形成或设置与学业相关的成就目标，确定的目标是一个可以用来评价当前表现水平的外在标准。目标可以分为掌握目标和表现目标。所谓掌握目标，主要是以获取更多知识，掌握新技能为目标；而表现目标是希望表现出自己能力强从而给人留下好印象，获得好评。具有掌握目标的学习者一般学习更积极主动、付出更多努力，更愿意迎接、甚至选择挑战性的任务，他们不满意缺乏挑战性的、太容易完成的任务。相反，持有表现目标的学习者容易受到外部的影响，学习缺乏自主性，遇到困难容易放弃。不同的年龄阶段有不同的特点。根据研究，上学前的幼童会关注掌握目标，而进入小学和初中时，关注表现目标变得越来越普遍；高中生也会更多关注成绩这样的表现目标。掌握目标

①　奥姆罗德著. 教育心理学精要(第3版)[M]. 雷雳等译. 北京：中国人民大学出版社，2013：186.

(如学会使用过去时)比表现目标(如在这次时态考试中得到满分)更能激发动机并提高成绩。其原因是，不同的目标会导致不同的归因。表现目标会认为"智力是固定不变的"，能力具有稳定的特征，一旦没有达到预期成就，会认为自己缺乏相应的能力，从而放弃努力。而持掌握目标的学习者认为练习和努力是可以改变智力的，他们关心的是如何最大地应用和提高自己的能力从而实现自己的目标。一旦失败，他们会认为自己使用的策略存在问题，所以要改进策略，从而会更加努力去学习。

3) 自我效能。根据班杜拉的"自我效能理论"，自我效能是指个体对自己组织和执行某种行为或者达到某种目标的能力的信念，这种信念(也是一种判断)会影响学习者对结果的期望，也会影响到对相应行为的期望。比如，相信自己能够通过多记忆单词而提高阅读理解准确率的学生，会投入更多的时间，采用更多的方式来记忆词汇。而那些觉得自己记不住单词的人，或者记了单词也不能理解文章的学生，则不会在词汇学习上投入更多的精力。对结果的期待可以分为3种类型：产生身心效果，如感到快乐或痛苦；社会效果，如获得赞成、认同、金钱补偿等以及相反的消极结果；对自己行为的自我评价反应。自我效能感的产生来自过去的经验，同时也是可以被改变的。获得自我效能的来源包括：第一，自己的经历。以前在某项任务上获得成功，从而自信能够完成那样或者类似的任务。某次考试中很轻松地取得好成绩，就自信自己不需要付出太大努力，同样能在下一次考试中取得类似的结果；相反，有的学生在英语考试中屡次没有取得好成绩，他们很可能就此认为自己没有语言天分，不适合学习英语，从而大大降低在英语学习中的自我效能感。第二，替代性经验，即观察某一角色榜样成功地完成了某一任务。有着和自己相似的背景和经历的榜样取得了成功，这会对学生自己的影响更大。根据研究，榜样的力量，来自同伴的影响比老师的影响更大；尽管老师的影响不及同伴，但有老师作榜样比没有榜样的力量要大得多。替代性经验中，下列情况更可能导致学生执行示范事件：行为导致了好结果；学习者观察到他人因类似行为得到好处；发现活动本身很有趣。第三，言语说服。即通过评价性反馈，表明学习者是如何用工作来证实了他的能力，这样会产生更高的自我效能感。但并非所有的反馈都能达到好的效果，根据研究，当说服性的影响适当地超过学习者对自己能力的判断时效果最好。

4)归因。归因是学习者对自己成功或失败经验的理解和解释，学习者可能把过去的经验归因于个人的内部因素，或者环境等外部因素；归因于天赋等稳定的因素，或者是因为运气、疲惫等不稳定因素；有时学习者归因于自己能够影响或改变的可控性因素，有时归因于自己没法影响的不可控因素。归因所作出的解释并非真实状况，但对他们未来的学习有很大的影响。研究认为，"帮助学习者将其成败归因于努力和有效或无效的学习策略是一种有可能促进动机的策略"[①]；但需要提醒教师的是，在学生没有要求帮助的时候，教师不要轻易地主动提供帮助，因为这样可能导致学生自我否定，认为他们自己太差了。

奥姆罗德(2013)总结了动机中归因和其他认知因素的发展趋势，描述了小学、初中和高中学生的一般动机特点(见下表)，这可以帮助我们更好地理解学生，以便组织教学。

不同年级水平的动机		
年级	年龄特点	方法建议
幼儿园—小学2年级	*倾向于将教师选定的活动定义为"作业"，自己选定的活动为"玩"。 *有些人可以迅速改变兴趣；有些人的兴趣则更稳定。 *参加有趣的、令人愉悦的活动，而不顾成功的期望。 *倾向于将成功归因于努力工作和练习，因此对能够完成的事情很乐观。	*通过亲自动手、像游戏一样的活动使学生对课堂内容感兴趣。 *通过有趣味的书和主题(比如，动画、超人、王子和公主)吸引学生进行阅读、写作或是训练其他基本技能。 *向学生展示他们长久以来取得的进步；指出他们的努力和练习如何促进了他们的成长。

---

① 德里斯科尔著. 学习心理学——面向教学的取向(第3版)[M]. 王小明等译. 上海：华东师范大学出版社，2008：277.

续表

不同年级水平的动机		
年级	年龄特点	方法建议
3~5 年级	* 出现相当稳定的个人兴趣。 * 越来越倾向于将同伴的成绩作为评价自己成绩的标准，因此对总体学业成就的自我效能感逐渐下降。 * 越来越关注表现目标。 * 越来越认为天生的能力是影响学习和成就的重要而不可控的因素。	* 允许学生在独立阅读和写作任务中追求个人兴趣。 * 向学生传授促进自己成长的方法。 * 表现出老师对课堂主题的强烈爱好和热情，表明为了学生自己的利益，有些内容是值得学习的。 * 确定每个学生的长处；提供充足的支持使学生能够在薄弱的领域取得进步。
6~8 年级	* 对"适合自己性别"的活动越来越感兴趣；对"不适合自己性别"的活动兴趣减弱。 * 掌握知识的能力感和内部动机显著降低。 * 越来越重视与长期目标和高成功期望相关的活动。 * 对某些领域（如英语、数学、音乐和运动）的感知价值下降。 * 越来越关注社交目标（如同伴交往，留下好印象）。	* 呈现一些令人费解的现象建立起学生的个人兴趣，从而促使他们对课堂内容感兴趣。 * 让学生关注自己的进步；最大限度地减少他们将自己的成绩与同学成绩相比的机会。 * 将课堂内容与学生的长期目标相联系（如通过真实的活动）。 * 在研究和学习时提供社会交往的机会（如角色扮演、课堂辩论、合作学习计划等）。
9~12 年级	* 某些兴趣、价值和行为逐渐整合到学生的自我感觉中（即一个人对自身存在的认识）。 * 掌握知识的内部动机持续下降。 * 对大多数学生来说，表现目标（如取得好成绩）比掌握目标更普遍。 * 在实现目标的过程中，作弊的现象越来越多。 * 越来越关注毕业后的目标（如上大学，选择职业）；对有些学生来说，实现这些目标的自主学习策略不足。	* 通过课外项目和课外活动为学生提供满足兴趣和实现价值的机会（如社区服务工作）。 * 使学生通过适当的努力和有效的方法取得好成绩（最大限度地减少分等级的竞争练习，比如评分曲线）。 * 阻止作弊（如布置个性化作业、在课堂考核时进行行为监控）；当作弊时，要承担适当的后果。 * 教授自主学习策略帮助学生实现他们的长期目标。

（摘自《教育心理学精要》（第3版），pp. 201-202，有修改）

2. 动机模型及激发动机的策略

关于动机的研究已经取得了丰富的成果，但并没有终结。如何利用动机的研究成果更好地指导教学，这是教师更为关心的问题。约翰 M. 凯勒教授在 20 世纪 80 年代提出了一个整合模型，将动机的因素融入教学。凯勒提出，激发学习者的动机就必须满足动机的四个条件：ARCS

A（attention）注意。

R（relevance）相关，即教学要与学生的身心发展、知识背景、个性需求和生活经验相联系。

C（confidence）信心。学生对自己的自信心能够影响到他们能否坚持后续的学习，以及能否取得好的成绩，所以，教学中要努力提高学生的学习信心，维持学习的动力和对成功的期待。

S（satisfaction）满足。要让学生感受到学习的价值与快乐，在学习中获得满足。①

这个动机模型，可以解释为：教学首先要吸引学习者的注意并让他们参加学习活动（A），不仅如此，吸引学生的注意并不一定能保持学生的注意，如果在教学中总是使用一成不变的方法、程序，集中的注意力也会分散。所以，教学中要引起和维持学生对活动的注意力。接下来，为保证学生参与学习，教师要让学生了解学习的目的和价值，知道学习和学生个人目标有关并能满足他们的需要（R）；然而，即使满足了前两个条件，随着教学活动的展开，学生的动机还可能因为对学科的害怕，缺乏信心等原因造成动机不足（C）；最后就是学习的回报，满足感。如果学生付出了努力，但仍然没有获得学习上的成功，他们的学习动机会深受打击。下面将分别针对动机中的四个条件逐一讨论激发动机的策略。由于前文已经详细讨论了激发、维持注意的策略，所以，以下主要从相关性（R）、信心（C）和满足感（S）这三个方面进行讨论。

---

① 德里斯科尔著. 学习心理学——面向教学的取向（第 3 版）[M]. 王小明等译. 上海：华东师范大学出版社，2008：281.

3. 激发动机的策略

相关性。人的活动都是有目的的。在教学活动中，如果学生了解到所学内容对他们个人有用，与他们已经学过的内容相关，和他们的个人目标相关，这将有利于激发他们的学习动机，促进学习。为此，教学中要做到：

——结合教学目标阐明教学的内容与价值。比如，英语作为一种符号、一种交际的工具，与学生的现实生活相关，与求学和未来生活相关。学生日常生活中熟悉的 T-shirt（T 恤）、夹克、咖啡、汉堡、沙发等都来自于英语，口语表达中的"酷"（cool）已经成为常用词；电脑键盘上的按键如"Insert"、"Delete"、"Esc"等，都已成为日常生活中的一部分。英语对于未来学习的重要，不仅仅体现在升学所需，更是将来与外景交流的必需。虽然未来高考可能不再把英语作为必考科目之一，但各高校在录取时还是会参考学生参加社会英语考试的成绩，这同样说明，高级人才仍需要英语语言基础。

——帮助学生界定自己的学习目的。通过交谈、问卷等方式了解学生的个人追求，帮助他们找到学科学习对他们目标实现的意义。当学生看不到相关性的时候，教师可以通过说服、鼓励的方式让他们看到其中的相关性。提供一些与他们动机和价值观相匹配的机会来激励他们学习，找到一些让学生积极参与学习的方式，比如，允许学生根据自己的兴趣选择作文的题目，选择完成作文的形式；给学生一定的决定权，让学生决定一学期的学习内容中，哪些内容在课堂内学习，哪些内容可以由学生自学，甚至让学生来决定是否使用翻转课堂的方式等。给学生一定的自主权，让他们参与课堂决定，他们会产生自我决定感，也会对自己决定的事更加有兴趣。

——提供具体例子和类比把要学习的内容与学生已经具有的经验联系起来。通过熟悉的内容，帮助他们整合新知识，也让他们看到新学习的内容和旧有的知识之间具有的相关性。一般认为，事物越熟悉，越有可能被学习者认为是有关的。

树立信心。帮助学生树立信心可以从三个方面入手：教师对学生寄予高期望，提供成功的机会，引导归因和反馈。

——高期望。教师确定的教学目标、活动要求、评价标准等反映出对学生的高期望，表达出对学生能力的信心，从而创设一种积极的成功期待。但仅仅展示高期望也可能让学生望而生畏，感觉无法企及。所以，教师可以利用言语上的鼓励，如"同学们一定能做到!"来鼓励学生；教师也可以提供类似的成功案例，保证他们取得成功，如播放学生自己编排的戏剧录像等；此外，教师也需要向学生演示如何能达到目标的步骤和方法，保证必要的资源和条件，让学生感觉到，随着学习的一步步深化就能够达到一个了不起的高度。

——提供成功的机会。教学中，教师需要提供富有挑战的任务，但这种挑战性要与学生的身心发展水平和已经具备的知识能力相匹配。比如，在课堂提问中，可以设计不同难度的问题让不同水平的学生回答。容易一些的问题可以让水平弱一些的学生回答，而对于学业水平较好的学生，需要提出一些有难度的问题，让他们得以展示自己的能力，获得足够的成就感。在此期间，教师并非提供了机会就任由学生自己去发挥，而是应该及时提供帮助，让学生看到自己在进步。需要提醒的是，课堂上不要连续呈现几个富有挑战性的任务，这样容易造成学生的疲惫，而且有难度的任务过于集中，并不能保证学生总是成功，反而会让学生觉得气馁。

——引导归因和反馈。教师要帮助学习者对学习的成败进行正确的归因，让学习者认识到他们的学习成果是来自于自身的努力和有效的学习策略。比如，学生在一次重要的英语考试中取得了好成绩，教师引导学生分析原因时，首先要对前一段学习做出积极的总结，如："这一段时间以来，很多同学改变了懒散的习惯，坚持课下自觉学习，并采用了有效的方法，取得的效果从平常的课堂表现中就能够看出，作业完成得主动、及时，能自觉预习课文，作文中用到大量新学的词汇，上课主动发言，所以在最后的大考中取得不错的成绩，这与平时的付出是分不开的"。在日常教学中，教师的反馈对学生的归因有显著的作用。如果教师在评价学生作文时，仅仅给出一个分数，学生会形成以分数论成败的习惯，而忽视分数的由来以及分数代表的意义。Carol Dweck 在其演讲 "The Power of Yet" 中讲到，教育要奖励过程而不是结果。奖励学生在学习过程中付出的努力、使用的策略、专注、毅力与进步，而不是最后的结果。如果教育中只重视结果，因为答对了几个题目而相应地得到多少分，学生会认为这是他们的智力或天赋的结果。试验研究证明，改变学生的思维倾向，注重过程，其最后的学习结果，如考试成绩，往往有大幅度提高。① 在作文批改中，教师可以从文章的结构、观点、逻辑性、表达等几个方面进行评价，帮助学生看到自己的长处和不足，明确改进的方向，这将有助于学生形成正确的归因。为了避免消极反馈，教师在指出学生不足时应该尽量以建设性的方式呈现其不足。比如，针对作文中缺乏有效的连接词，教师可以建议："如果能加入 however, in contrast, what's more 等连接词来表示观点的转换，文章的逻辑性和流畅性将更好"，这样的反馈比"缺乏逻辑、不连贯"对学生的帮助更大。

满足感。如果学生从学习中获得满足，他们会有更好的自我效能感，也会提高对学习的兴趣和动机。以下列举三种策略来体现满足感。

——自然结果。给学生提供适当的环境，让学生能够运用所学完成某种任务，这就是学习的自然结果。比如，让学生将英语教材中的一个故事改编成小话剧然后在班上表演；在学习年、月、日、星期等英语表达后，让学生调查班级或小组同学的生日并做成生日表贴在墙上；第3章中的案例中，让学生利用时态的差异来推导时间，从而找出谁在说谎。这些活动中，学生必须用到所学的词汇、语法，不是靠机械地背诵重复，而是有意义地使用。当他们最后呈现自己的作品时，自然会获得一种满足，同时，在运用语言完成任务的过程中，他们也强化了所学的知识。此外，完成自己设置的挑战性目标所获得的满足感，以及对自我效能期待的满足（我知道我能做好），也能增强自我效能感。

——积极后果。任何学科学习中，都会遇到无法在短时间内运

① http://open.163.com/movie/2015/3/5/B/MAIP2A8KC_MAIPJJK5B.html.

用某些知识、技能的现象，有些知识和技能必须经过长时间的积累才可能显现学习的效果，如在初级阶段语音、语法、词汇学习中，学生因为水平的限制，很难在交际活动中运用所学，获得满足感的机会渺茫；另外一些学生，因为各种原因对学习不感兴趣，缺乏学习的动力，不可能有学习满足感。那么此时，教师可以运用积极后果来让学生产生成就感。比如，当学生发音准确时、拼写规范时，教师及时给予口头表扬；在小学，教师常用"Give me five!"来表达赞许，用"Bingo!"表示游戏成功，这些口头方式能让学生感到满足。在成人培训中，给培训学员发结业证明的方式也是一种积极后果的方式。但不要滥用奖励。若学生仅仅参与了某一个活动就获得奖励，这可能会导致他们兴趣下降，因为参加活动是必须的过程，是他们应该做的事情。奖励要针对完成任务的表现，而不是针对参与本身。完成应该完成的作业是不应该奖励的，完成了额外的作业是应该奖励的，作业完成得很优秀也是应该奖励的。当学习任务本身很枯燥或其价值还没有被学习者认识到时，积极后果特别有用。比如拼写练习。拼写并不让人满足，但若因为拼写的规范程度特别高而获得奖励，这种奖励就可以带来满足感。积极后果可以暂时地提高学生对这门课的兴趣而使他们专注于拼写这样的任务。除上述方法外，如果学生的成绩得到公众的认可，或因此得到某种特权，有机会展示自己的成功，得到积极的评价，都会有助于提高学生的成就感。

　　——公平。学习者通常把自己付出的努力和同伴的经验进行比较，这就要求教师确保学习结果与学习期望一致，并保持一致的评价标准。有时，学生会对学习结果感到失望，因为他们认为自己努力了，但考试却和平时的付出不相吻合，这样的结果令人失望；有的学生认为自己努力了，但所得到的结果甚至比没有努力的人的结果还差，他们的动机会严重削弱。多数学生能够明显意识到教师对不同学生的不同态度和行为。比如，有些教师总是请那些成绩好的学生回答问题，久而久之，成绩差的学生就会越来越沉默，甚至无视老师的问题。在大学里也有这样的状况。当笔者问几位英语专业大三的学生为什么上课从不发言时，有人说："每次都是那几个人发言，老师也不叫我发言，所以就习惯了，反正也轮不到我。"根据老师对待自己和他人的行为差异，学生可以判断自己能力的高下，至少能判断自己在教师眼中的表现状况。如果总是得到负面的暗示，学生会减少对这门课程的学习动机。此外，即使有些学生学业状况堪忧，教师也不应该因此对他们冷谈或轻视，相反，应该多发现他们的优点，多帮助他们分析造成学习不足的原因。

本章主要从注意和动机两个方面讨论了它们对学习的重要性，以及如何激发和保持注意和动机的方法。

第五章 组 织 教 学

教学是有目的的活动，必须经过精心的设计和组织才可能逐步达到期望的目标。本章主要讨论教学的基本过程、教师的讲授行为以及学习环境的创设。

一、教 学 过 程

加涅在《学习的条件和教学论》中详细分析了教学过程，在《为学习设计教学》一章中提出影响内部学习过程的九个教学事件，即九个能够促成学习发生，产生学习结果的外部事件。他提出："教学论应该努力将外部的教学事件和学习的结果联系起来，方法是指出这些事件是如何导致对内部学习过程的适当支持或促进的。"①。完整的教学过程就是一套经过设计、用来支持每个学习阶段的学习程序。加涅认定教学是由一组学习的外部事件所组成的，根据学习的内部事件(过程)提出了与各内部过程相匹配并对内部过程起促进作用的外部条件——九大教学事件。这九个教学事件的顺序并非固定，但其中的每一项功能都是必不可少的。

加涅的九个外部事件分别是：引起注意；告知教学目标，激发动机；刺激回忆先前知识；呈现刺激材料；提供学习指导；引出行为；提供反馈；评价行为；促进保持和迁移。虽然这九个事件不一定总是要按照顺序发生，但变动不会太大，因此也可以看做一般的

---

① 加涅著. 学习的条件和教学论[M]. 皮连生等译. 上海：华东师范大学出版社，1999：245.

教学程序。

1)引起注意。注意是学习过程的第一步，没有注意就不可能有学习。教学首先要引起或者激发学生对学习内容的警觉。英语教学中，往往以 lead in 或者 warm up 的活动引起学生对主题内容的注意，教师通过出示新奇的图片，提问等方式将学生的注意力引到要学习的内容中；或者从复习开始，复习前课学习的重要词汇、语法等知识，文章的大意、主要观点或情节等；或者检查相关的作业和练习并进行反馈。在作业检查和反馈中，如果发现学生存在共性的难题或者错误，如没有掌握动词过去式的用法，那么，老师会再次讲解。前一章专门讨论过如何引起和保持注意，很多方法都可以借鉴。

2)告知教学目标，激发动机。告知目标，便于学生形成学习预期，比较自己现状和目标之间的差距，从而知道自己要付出多少努力才可以达到期望的学习结果。同时，教师可用目标来激发学生对新的学习内容的好奇和兴趣。

3)刺激回忆先前知识。其目的是将已有知识提取到工作记忆中，以便引出新知识。在英语教学中，这个步骤时常直接和教学的第一步"引起注意"合二为一。有时，教师也会设计专门的活动来激发学习。如：What is the most important festival in China? What do you do in the festival? 这些问题会让学生想起春节及年俗，激活节礼日相关的知识。接下来，当教师再引出关于圣诞节的教学内容时，学生会利用本土节日的认识去理解圣诞节的重要性、习俗等。外语课堂上，利用学生的母语知识来进行内容教学，是常用的技巧之一。这种方式不仅从认知上帮助学生理解和记忆，扩展学生的知识结构，培养学生的分析、比较能力，还有助于情感目标的达成，帮助学生能够更加深入地了解和理解本土文化，同时逐渐培养跨文化的意识。但母语也可能对外语学习产生阻碍作用，已经有很多研究在关注该问题。

4)呈现刺激材料，也就是呈现要学习的核心内容。从学习的过程看，这是一个选择性知觉的过程。教师要以符合逻辑的方式呈现材料，吸引学生注意学习的重点和难点内容，注意到学习材料的特点。

5）提供学习指导，这个步骤与呈现材料紧密相连，是教学中的主要阶段，其目的是帮助学生将新学的内容进行编码，以便进入长时记忆。为此，教师可以用解释、模仿、提问等多种呈现知识的方式来帮助学生对学习材料进行加工和记忆。

6）引出行为，就是引导学生做出预期的反应。如学生能够把动词变成过去式，能够读懂一篇文章。

7）提供反馈。该事件的目的是强化正确的、修正不正确的学习结果。学生的行为不一定就是达到了期望的目标，所以教师的反馈显得尤其必要和重要。

8）评价行为。和反馈一样，评价的目的也是为了强化。教师不仅自己评价学生的行为，还要引导学生对自己的行为进行评价。为了检查学生是否"理解"了某句话，或者某段文章，教师可以通过提问、要求学生举例、角色扮演等方式来检查学生的学习程度，并按照结果给学生提出建议；如果有错误，要提出修正的方向和方法，这样学生才可能进步。强化的方式有很多，教师的肯定、赞赏、获得同学的支持都是一种正强化的方式。

9）促进保持和迁移。正如加涅所说，这个步骤并非在最后才发生，而是贯穿在整个教学的过程中。促进学习的保持和迁移，主要采取的形式是练习。练习的方式，一般是先在教师指导下完成简单的练习，如英语中的机械练习。当学生能够掌握大多数内容时，可以逐渐减少教师的控制，让学生独立或以结对子、小组合作的形式开展进一步练习，帮助学生达到对学习材料自动反映的程度。为了加强学生的记忆和学习，教师需要交给学生一些记忆方法，可以让学生对已经学过的内容进行概括总结，或回答一些后续问题，检查他们是否已经掌握了这些知识和技能。尤为重要的是，教师要能够提供大量的复习机会，经常让学生重现和复习所学的内容。比如做家庭作业，单元小测验等都是促进学生学习的常用方法。

以下用两个案例进一步了解这九个事件组成的教学过程。

例1：Unit 8 How can I get to the nearest bank？（教案）

教学事件	功能分析
教学目标： 听懂、读懂，运用表达；写出	建立作为学习结果而获得的行为预期。使学生能够将自己的行为靠近所期望的结果。
Lead in 看图匹配词汇和表达 看图选择恰当的词语	引起对核心词汇和表达的注意，刺激回忆学生利用已有学习经验来猜测新词汇，呈现刺激材料(这些词汇是接下来阅读和听力中的核心词汇)。
Listening and speaking 听录音标示提到的地方 听录音补全填空 阅读对话，画线标出问路的语句 讲解重点词汇和句型 跟读对话，学说话	引出行为，评价与反馈。 引出行为，评价与反馈。 引出行为，评价与反馈。 (通过这些活动引导学生关注关键信息) 言语指导，如何理解和编码。 从发音上练习和编码，强化记忆。
Reading and writing 读单词标出不同类或者提过的词汇 翻译 看图介绍，讨论并写出路线；讨论并写出最近路线	促进保持。 引出行为。 促进保持和迁移(新的情境，语言运用)。
Language in use	言语指导，如何编码。
Unit task	促进保持和迁移。
Pronunciation practice	促进保持。
Self check	自我反馈(言语指导，策略学习)。
Words and expressions	促进保持(复习)。
Life and culture	促进迁移：将内容与生活联系，开阔学生视野。

（选自高等教育出版社、高等教育电子音像出版社发行的课件）

例2：Unit 8 How was your school trip?

教学事件	功能分析
导入 Q：Watch a movie. （一段与 trip 有关的动画短片）	吸引注意，激发兴趣。
语法学习 Q1：Did you go out last weekend? （同时在屏幕上展示） Q2：How was your last weekend? （展示在屏幕上，并给出建议和表达式，如 It was exciting/interesting...） 展示中将 did, was 用红色标示 词汇学习 Q3：What did you do last weekend? （展示并提供答案范例和图片，如 cleaned my house...）	呈现学习内容，并突出教学重点和难点。 通过图片、关键词、言语提示、期望等引出学生行为。 理解并使用 I did ... /It was ...
语法形式复习 Take out your study paper and check your homework. （动词的过去式） Let's chant together. （带领学生有节奏地朗读动词的过去式，如 I say go, you say went Go go go, went went went	检查，反馈和进一步加工。 提供学习指导，让学生有节奏感地朗读以加强记忆。
词汇学习 Now I know what you did last weekend, but do you know what I did? Can you guess? （展示教师去水族馆的照片，并配上句型和词汇） 要求学生根据图片上的句型来问老师。 学生问：Did you go to a movie? （学生问题显然与图片提示相反） 老师答：No, I didn't. （并展示该答语） 展示另一图片，要求另一个学生问教师问题。 学生问：Did you go with your friends? （学生问题与图片提示一样，但所使用的词汇不一样） 老师答：Yes, I did. （并展示该答语） ……依此类推，完成所有要学习的关键词汇。然后，集中展示词汇并用红色凸显过去式：went to the aquarium, saw some sharks; hung out with friends ...; 并让学生跟读。	呈现刺激材料，言语指导，引出行为，提供反馈，并突出特征。 促进保持的方式：复现。

续表

教学事件	功能分析
Best memory：变换人称练习 Pair work；要求学生根据上面介绍的信息，学会用第三人称的方式回顾教师的活动；如 A：Did he go to a movie? B：No, he didn't.	促进保持和迁移。
看图说话 提供图片和表达，用"√""×"的形式表明希望学生给出肯定或否定答复。	引出行为，促进保持和迁移，并反馈。
听力 听并圈出对话中出现的问题和词汇： 第1步：要求两个学生朗读 PPT 上的对话 第2步：听并在下列表达中圈出提到的活动 第3步：对对话提问 第4步：要求学生总结：对话的形成	引出行为，识别语音和意义，听力理解检查并反馈。
延伸：Make a survey 依据学生带来的家庭照片，完成小组的问卷调查。 （转化学习内容形式并应用）	促进保持和迁移，把对话转化成图表，训练词汇和过去式的表达。

（来自本地某示范中学——随堂课程录像）

　　案例1是一份电子教案，教学对象是中职一年级学生（相当于10年级学生）。从教案上可以看到"激发动机"之外的8个教学事件。其中"lead in"承载了较多的功能：引起注意，刺激已学知识和呈现新的词汇内容；"言语指导"所占比例有限，主要是"引出行为"、"评价与反馈"和"促进保持和迁移"。案例2是一个45分钟的真实课堂录像，教学对象是7年级学生。教学中可以看到除了"教学目标"之外的所有教学事件，其中"引发行为"，"保持和迁移"仍然占有较大的比重。因为缺乏"教学目标"，作为课堂观察者只能根据课程的进展来推理本课的教学内容：一般过去时的一般疑问句和回答，以及有关休闲活动的词汇和表达法。至于学生应该达到什么标准，相信学生和观察者都不是很清楚，上课的教师也许知道，也许不知道。从两个案例可以看出，英语课堂上，教师的"言语指导"并没有占据很多时间，主要的课堂时间投入到了"引出行为"，"保持和迁移"中，这符合语言学习需要多加练习的规律。

值得注意的是，这里陈述的教学事件，是教学的外壳，是外部的因素，与学习的内部过程有着紧密的联系。"促进保持"的形式很容易做到，大量的机械练习和记忆也可以达到"保持"的目的，但"保持"是为了"迁移"，很多学生记得大量的词汇，但在口头和书面交际时却无法使用，这种学而无法用的状况会影响学生的学习动机和兴趣。在此讨论教学程序或过程的目的在于，教学首先应从形式上保持步骤完整，缺少任一环节都可能影响教学效果，其次就是每一个步骤完成的质量。要让教学过程有效，达到教学目的，必须重视每一个教学事件的内涵和质量，否则难以保证教学的效果。

二、讲　授

课堂教学方法主要为教师讲授、师生问答、小组讨论和个别辅导等。教师讲授是最常见的教学方法，也称为直接教学法。即使在师生问答、小组讨论中，教师的讲授也是存在的，只是所占比例的大小有所不同。有研究表明，不同的教学方法产生的教学效果不同，学生对所教内容的平均回忆率为：教师讲授 5%；学生阅读 10%；视听并用 20%；老师演示 30%；学生讨论 50%；学生实践 70%；学生教别人 95%。[①] 尽管如此，教师讲授，仍然被认为是大规模、大幅度提高教学效果的最经济的方法。这里的讲授是指"教师利用口头交流将信息传递给一组集中起来的学生。这种交流也可以运用演示、图片、幻灯片、在黑板上书写或者其他形式进行。学生们聆听讲授者传输的信息，并观察演示的或其他方面的信息。"[②]

---

① 希尔伯曼著. 积极学习——101 种有效教学策略［M］. 陆怡如译. 上海：华东师范大学出版社，2005：2.

② 加涅著. 学习的条件和教学论［M］. 皮连生等译. 上海：华东师范大学出版社，1999：328.

这里主要讨论教师的讲授行为。这种行为可能延续的时间比较长，如讲语法规则、讲解阅读文章的难点以帮助学生理解，也可能比较短，包括发出指令，让学生参与某项学习活动等。加涅在关于"讲授中的教学事件"中指出，在引起学生注意之后，教师可以告诉学生教学目标，这就是一种讲授行为。可以说，教师在课堂上的主要行为，是利用教授的形式，口头交流的形式传递给学生的。加涅指出，"在计划一堂讲授课时也能遵照教学的事件来进行。由于讲授不属于一种互动方式，因此教学的事件不能够适应每一个学生的每时每刻的需要。就所有的听讲者而言，这些事件在支持学习过程中的预期效果并不是确定的，只是一种可能。从学生的观点来看，他们自己应当对从讲授中获得的学习负有最大的责任。对于准备良好且具有适当动机的学生，从讲授中学习不仅是有效的，而且也是令人愉快的。这正是高校的讲师们希望普遍存在的情况"①。

但讲解的效果，并非完全像加涅指出的那样，全部取决于学生自己的准备和动机，教师是可以影响学生的听课效果的。根据研究，教师在讲授中的表现力(expressiveness)、清晰度(clarity)和条理(organization)与学生的学习结果有关。

讲解的表现力。有研究者认为，教师的交际技能和人际交往技巧能够激活学生的学习兴趣。如果讲授的表现力无法吸引学生的注意力，其他的讲授技巧就很难发挥作用，因为学生根本就没有将注意力转到教学中。从认知的角度来看，教师的眼神、走动、语音语调的变化、幽默等能够引起学生选择性的注意，暗示学生该学习内容很有趣，很重要，从而起到唤醒或集中学生注意力的目的。

1)运用眼神。和学生有眼神的交流，而不是只看着教材或者PPT上的文字。

---

① 加涅著. 学习的条件和教学论[M]. 皮连生等译. 上海：华东师范大学出版社，1999：329-330.

2)课堂走动。讲解中不时走到学生中间，而不是因为媒体被限制固定在讲台上或者围绕着电脑控制台。走动可以提醒分心的学生将注意力集中到教学内容上来。

3)运用声音。讲授时声音随讲解的内容而变化，如讲到重要的地方，可以放慢节奏、增加停顿、提高声音，这种变化很容易引起学生的注意，那种一成不变的语调容易让人疲惫和分心。

4)身体语言。运用面部表情、手势等引起学生对内容的关注，也可以帮助学生理解。

5)和课文内容有关的幽默。并没有详细的研究来说明幽默感是教学的必须，但很多有关好教师或有效教师的研究都提到，教师的幽默感让学生印象深刻。幽默感并非要求教师在课堂教学中随意讲笑话、开玩笑，而是适度讲一些与学习内容相关的幽默故事、趣闻等可以调节课堂的气氛，引起学生的注意。

6)不要过于依赖呈现的内容。有的教师将所有的材料呈现在PPT上，上课就是照本宣科地念，学生的注意力很快就会游离于课堂之外。

清晰。所谓清晰是指教师在解释复杂的思想和概念时，能以清晰的、易懂的、有逻辑的方式呈现，以确保学生能够理解。这要求教师非常透彻地了解课程内容。清晰讲解的重要性就如同可理解输入对于外语学习的重要性一样。使用大纲或者树形图的方式提供概念间的结构关系，这种方式可以让学生直观地理解要学习的材料，以及所学的材料与过去知识之间的联系，除此之外，还有一些其他方法。

1)使用大纲和图表来展示概念间的相互关系。比如，用图展示整个初中阶段要学习的英语语法，让学生对所有的学习任务有个整体的认识。从下图可以清楚地看到，初中英语阶段要学习语音、词法和句法三类语法知识，其中，词法主要是 6 类实词和 4 类虚词的用法；句法学习包含 5 个方面的内容。

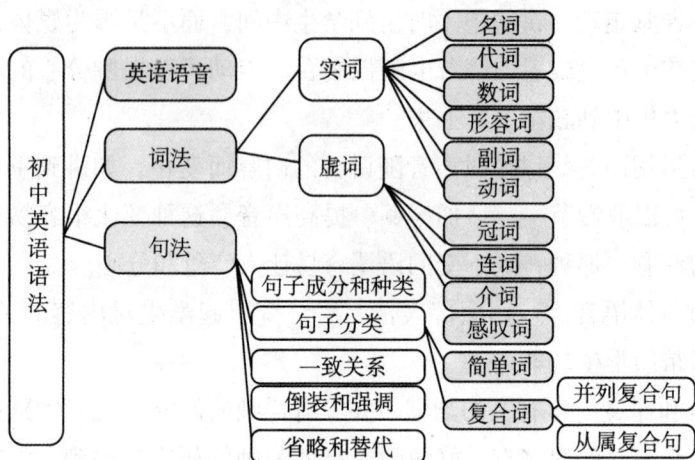

（来自网站 http://image. baidu. com/i？ ct = 503316480&z = 0&tn = baiduimag
edetail&ipn = d&word = 初中英语语法点）

2）运用具体的例子、打比方、类比等方式帮助学生在新旧知识之间建立联系。比如，当教师讲解 athlete 时，教师举例说李娜、刘翔、姚明他们都是 athletes。学生就可以知道这个词的意思是"运动员"。

3）运用图片、图例等形象生动的形式，可以帮助学生更好地进行形象加工。比如，教师提供的关于空间介词的图片（下图1），可以直观地帮助学生理解这些介词的意义；在讲解中外文化饮食习惯差异时，下图（2）直观地体现了中国人一日三餐喜欢热食，而西方以凉食为主的习惯。图形还可以用来展示词汇的细微差异。比如，extend, increase 和 expand 都有增长、增大之意，那么当我们要表达"金属受热膨胀"（The metal will extend/increase/expand if we heat it.），应该用哪一个词还是三个都可以？下图（3）很直观地解释了三个词的差异：extend 主要是单方向的延长和延伸，increase 可能是两个方向的增加，而 expand 则是全方位的扩张。基于此，"金属膨胀"当用 expand。

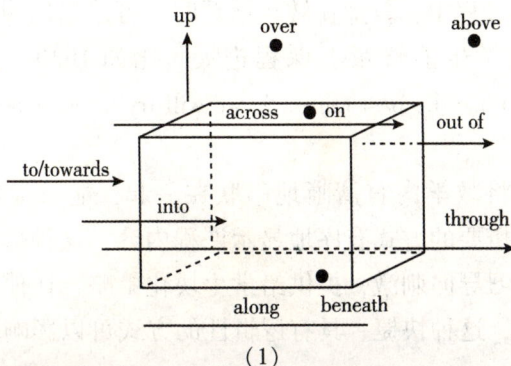

（1）

（2）

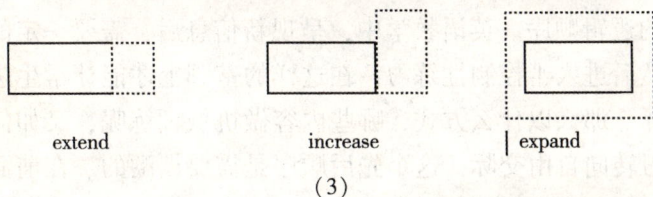

extend　　　　increase　　　| expand

（3）

（来自：（1）http://image.baidu.com/i？ct＝503316480&z＝0&tn＝baiduimage
detail&ipn＝d&word＝初中英语语法点

（2）http://image.baidu.com/i？ct＝503316480&z＝0&tn＝baiduimagedetail&ipn＝
d&word＝中西差异

（3）《如何提高词汇教学成效》,p.15）

4）及时总结和提醒。对于重点和难点内容，可以口头重复起到
强调的作用，也可以在讲完一部分内容后及时对所学内容进行归纳
总结，以强化重点和难点的学习。也有很多教师习惯在课堂教学接
近结束时留几分钟总结本课所学，突出重点内容，关照教学目标。

此外，在教学过程中，教师在转化话题时，可以运用明显的信号词提醒学生，让学生能够跟上课程进展。比如 Until now, we have learned when to use the past tense. So we will try to do some exercises....

条理性。将教学内容清晰地串联在一起，能够促进学生的学习。用大纲和概要的方式有序地显示课程内容，这种形式可以作为一种特殊的学习导向刺激，提供给学生块化策略，让他们知道哪些知识是相关的，这种快捷、具有逻辑性的方式可以影响和促进编码和随后的提取。

1)教学之初，给出教学内容的概览或计划，这不同于教学目标。教学目标是学生要达到的一个学习结果，这种呈现的结果不一定有明显的逻辑关联。这个概览或计划主要是关于课堂上要学习的内容及学习的方式，虽然目标中就可以反映出可能学到的内容和发生的教学活动，如前文提到的"听懂……"，"读懂……"，但教学概览或计划可以帮助学生看到学习内容之间的关联和学习这些内容的基本步骤，帮助他们做好心理预期，更容易跟上教学进程。

2)详细地规划课堂活动。教师在设计教学活动时，应该考虑每个环节的逻辑顺序。英语教学中，呈现新信息后，需要一定的机械训练，然后进入半控制性练习，在这样的基础上才能让学生进行自由的交际。那么以什么方式，哪些内容做机械训练呢，又如何由半控制练习转向自由交际，这个先后顺序是需要斟酌的。在前面例子中，如果教师在引导学生学完 Did you do ... last weekend? /How was your last weekend? /What did you do last weekend? 之后，直接进入"看图说话"这个环节，相信很多学生会无法参与。

3)用标题或者小标题的形式呈现内容。课堂教学中，学生不可能一直保持注意力，所以，借助 PPT 呈现内容时，可以在 PPT 上用小标题来表示当前内容，以便学生跟上教学节奏。

三、环 境 创 设

有研究者认为，教学过程包含四个要素：教师、学生、教材和环境。这里的环境包括课堂教学的物理环境和心理环境。物理环境包括学校的设施、教学设备、时间、空间等；心理环境包括班风、课堂气氛、师生关系。其中，教师对教室的大小、教学设施等这些物理环境的作用非常有限，而在营造课堂气氛上大有作为。以下所涉及的教学环境是一种比较狭义的教学环境，主要包括教师能够施加影响的教学条件，如座位的安排、教具的摆放、班级气氛与师生关系。

1. 为了创设良好的教学环境，教师可以做到

1)安排座位。把爱捣乱的学生放在离老师近的地方，让好朋友分开坐，以免经常讲话而分心。

2)把容易分散学生注意力的教具放在看不见的地方，需要时再拿出来，以免学生分心。

3) 教师所站的位置要能观察到所有学生的行为，及时察觉学生厌烦、困惑或挫败等消极情绪，时常走动，关注每个学生。

4)公平对待每一位学生。不要以学生成绩来决定教师的态度和行为。

5)创建团队意识。以多种方法分组，让学生形成团队，帮助他们设立共同的目标，在团队中形成互相尊重、平等协商的团队气氛；帮助学生建立归属感，每个人都把自己看成是团体中的重要成员。团队意识的形成需要教师精心设计教学活动，让学生在以团队的形式完成活动任务、追求目标的过程中逐渐培养起来。

2. 师生关系

创建良好的师生关系，需要教师展示出真正关心学生的行为。好教师通过教学投入，教学内容的有序组织，及时的教学反馈等显示出他们对学生学习的关注，而学生通过他们在课堂上的体验，就能感知教师是否有责任心和爱心，是否值得信赖和追随。

1)教学准备要充分，如及时更新教学中的案例，介绍相关内容的新观点、新发展；选择与学生当下生活相关的讨论话题；使用新的方式来教学，这些能体现教师热爱教学，热爱自己所教的学科。

2)对学生持有符合实际的高期望，并给学生提供达到高期望需要的条件。高期望体现了教师对学生发展潜力的判断，也反映出教师对学生当下学习状况的了解程度。恰当的高期望能帮助学生明确自己的学习状态和奋斗目标，鼓励他们继续努力。即使对那些成绩较弱的学生，高期望也有明显的激励作用，他们需要教师作为该课程权威的肯定。

3)尊重学生，让他们参与教学与管理。比如，在做决定和给学生评价时会与学生讨论，听取他们的意见；确定研究或写作项目的主题、课外要阅读的文献资料、有些任务的完成期限、某些具体任务的执行顺序、证明其学习效果的方法(如读课外书后是以摘要的形式，还是以画图的形式证明所读)；策划一个项目；评估一些任务的标准(如电影配音的评价标准)，等等。

4)理解和宽容，允许学生偶尔有"表现不够好"的时候，不要因此而严厉地批评他们；允许学生有自己的个性，尊重他们的特点，要因势利导而不是武断地要求所有学生具有完全一样的言语、行为、情感等方式。

5)让学生有成就感。教学的目的不是要让学生感到自己多么差，饱受挫折，而是要让他们看到他们能做什么，产生怎么样的成就感和幸福感。

3. 课堂气氛

课堂要培养安全的、有利于坦率辩论和建设性评价的课堂氛围①，要培养讨论、合作、协同的意识和习惯。

1)告知学习的意义。告诉学生，讨论结束时理解主题内容比一开始讨论就找出正确答案更重要。让学生重视利用互相帮助的方式理解内容，而不是只求找到选择题的答案。

2)鼓励提问。让学生明白，提问题是好奇心和求知欲的反映，对有争议的话题有不同看法是不可避免的，改变自己的看法是深刻

---

① 奥姆罗德著. 教育心理学精要(第3版)[M]. 雷雳等译. 北京：中国人民大学出版社，2013：293.

反省的表现。

3）促进交流和理解。让学生解释自己推理的过程，并试图理解他人的解释。帮助学生向其他成员或其他组成员解释自己的推理思路。

4）尊重观点。提议让学生尽可能以其他同学的观点为依据。鼓励学生有包容之心。当他们发现自己的意见和别人不一致的时候，不要因此对他人产生偏见。鼓励学生用第三人称表述问题，对他人思路和观点的质疑要做到对事不对人。

5）鼓励体验。偶尔让学生为自己不同意的观点进行辩护；要求学生考虑对方观点，达成妥协。

6）满足学生心理的需要。如：让学生合作完成一些学习任务；表达你对学生观点的尊重和欣赏；在成功者不被同伴认可的情况下，私下表扬学生；创建一种互相尊重、人人都很重要、人人都能成功的课堂文化。

7）制定合理的规章。纪律是必要的，是社会化的开始。

——教师制定一些规则，帮助课堂活动顺利进行：比如：带齐学习材料(课本、作业)；铃响时要在座位上坐好，并做好上课准备；在讨论中注意倾听，礼貌表达看法；爱护他人财物，遵守学校纪律等。

——师生共同制定一些规则，让学生理解纪律的重要性和意义。

——教师展示说话的艺术。和学生说话，用"如果马上开始，你就能很快完成作业"而不是"请立刻开始做作业"这样的命令句。

——不断强化规则。有错就改，纪律针对所有人，没有特权。

——让学生完成有价值的任务。让学生总是有事可做，而且充满变化。在完成具体任务时，应有文字类的记载如日志、日记、报告等。

本章首先依据加涅的九个学习事件讨论了教学程序，之后讨论了课堂教学中最常见的教师的讲授行为，最后讨论了如何创设良好的教学环境。

第六章 教学互动

互动对任何课堂都不是新鲜事。在英语教学中，随着新课标中对"任务教学法"的提倡，课堂中以结对子或小组形式进行的生生互动非常普遍，加上传统的师生问答形式的互动，英语课堂并不沉闷，但这样是否就能有效地促进学生的学习呢？有人指出，课堂教学中存在大量的虚假互动，表现为：有热闹的互动形式，但学生没有学到应有的知识；本不需要用互动的形式来完成教学任务，但为了让课堂有观赏性而安排互动；随意给学生一个话题就让学生展开讨论，以打发时间；只吸引部分同学参与的互动，等等。这些现象的存在，可能是因为教师没有真正理解课堂互动对外语学习的意义和作用，也可能是教师缺乏设计和监控课堂互动的方法。以下分别就互动的作用和方式进行讨论。

一、互动的作用

合作或协作学习(cooperative learning/collaborative learning)是20世纪70年代初兴起于美国，并在70年代中期至80年代中期取得实质性进展的一种富有创意和实效的教学理论与策略。由于它在改善课堂内的社会心理气氛、大面积提高学生的学业成绩、促进学生形成良好非认知品质等方面实效显著，很快引起了世界各国的关注，并成为当代主流教学理论与策略之一，被人们誉为"近十几年来最重要和最成功的教学改革。"①合作学习的"互动观"认为教学过

---

① 王坦. 论合作学习的基本理念[J]. 教育研究，2002(2)：68-72.

程是一种人际交往、信息互动的过程，包含着师生之间，生生之间的多边互动。其中，生生之间的互动，尤其受到重视。"实际上，教师的一切课堂行为，都是发生在学生—同伴群体关系的环境之中的。在课堂上，学生之间的关系比任何其他因素对学生学习的成绩、社会化发展的影响都更强有力。但课堂上同伴相互作用的重要性往往被忽视。学生之间的关系是儿童健康的认知发展和社会化所必须具备的条件。事实上，与同伴的社会相互作用是儿童身心发展和社会化赖以实现的基本关系"①。

对外语教学而言，互动是外语学习的一种目标，因为语言就是用来进行交流的；同时，互动又是学习方法，在与同伴进行协商意义的过程中，双方检验了语言形式的使用，引起对语言的注意，在达到交际目的的同时练习了语言。所以，"互动性应成为英语教学的基本原则"②。Michael Long 的互动假设（Interaction Hypothesis）很好地解释了互动对于外语学习的意义。该假说基于对"外国式语言"（foreigner talk）的研究，认为，要想充分理解和认识语言输入对二语习得发展的影响，仅仅考察单项的语言输入是不够的，还要高度关注母语者和学习者共同参与的互动过程。该假说强调语言习得中的互动，即意义的协商（negotiation of meaning）对二语习得有着决定性的作用。所谓意义协商，就是说话双方在互动交流中遇到困难或障碍时，为了克服困难，双方会进行一系列的确定、澄清、修正等行为，而在这个协商过程中，语言输入者在语言形式和话语结构及功能上都会产生变化。为学习者提供的语言输入在本质上发生变化，主要表现在语言形式的调整，话语结构和功能的调整。在这个输入过程中，被询问的机会越多，解释、修正，输入的可理解性就会越大，语言输入就会越成功，因为这样更能符合语言学习者的个人需求"。

① 王坦. 论合作学习的基本理念[J]. 教育研究，2002(2)：69.
② 束定芳，庄智象. 现代外语教学——理论、实践与方法（修订版）[M].上海：上海外语教育出版社，2008：209.

二、提　问

　　提问是一种教学方式，也是师生之间互动的重要形式。教师通过组织问题、激发学生反应并对学生的回答做出反馈这一系列的行为，达到教学的目的。英语课堂中，尤其是在初学英语的课堂，经常会听到教师问自己的学生：What is your name? 这类明知故问的问题在英语教学中非常常见。其理由是：我们的教学目的是为了训练语言形式，而不是提出一个真正的问题。那么，什么是有效的、能促进学生真正学习的问题呢？有人认为：那些促使学生积极组织答案，并因此而积极参与学习过程的问题才是有效问题。① 问题可以大致分为封闭性和开放性两种类型。所谓封闭性问题就是答案限定在一个或少数几个答案之内的问题。开放性的问题则没有唯一答案，往往需要学生花费更多的时间去思考，鼓励学生在组织答案时使用高层次的思维过程，如 What would happen without power? 根据研究，对于那种要求掌握事实、规则和程序类的学习内容，使用封闭性的问题比较有效，因为这样的问题主要集中在记忆、理解和应用的认知层面上。而对于那些要求掌握概念、模式和抽象的学习理论，最好使用开放性问题，这些内容更多涉及分析、综合和评价的认知过程。

　　此外，还有一种探询性问题，主要是基于学生的答案而产生的新问题，要求学生进一步澄清答案、拓展信息，或者要求学生对答案进行重新组织以便更正确或者更有效。如：

例 1：老师：Why do you like apples?

学生：Because it's good.

老师："Good"? What do you mean by "good"?

学生：En ... It means it tastes good and...

---

　　① 鲍里奇著. 有效教学方法(第 4 版)[M]. 南京：易东平译. 江苏教育出版社，2002：209.

例 2：老师：What did you do yesterday?

学生：I do shopping.

老师：Did you "Do" shopping yesterday?

学生：Did.

老师：Can you say it again? What did you do yesterday?

……

1. 课堂提问的功能

1) 激发兴趣，吸引注意。比如，学生将要学习有关交通工具的内容，教师在 lead-in 部分问学生：How did you come to school this morning? 学生会马上想起上学的交通工具，回答"(By),（By）bike"等，这样学生的注意力很快就转到了交通工具的相关词汇上。如果学生只能提供 bus, bike, walk 等单个词汇，老师就会知道学生还不懂如何正确地表达，学习由此而开始。

2) 检查学习，发现问题。如 How do you spell "flower"? 这样问题要求学生拼写"花"这个词，如果学生能够拼写出，那么就证明学生掌握了该词的拼写。课堂上，教师往往在学生读过一段文字后，采用提问的方式检查学生是否理解了大意、主要观点、逻辑关系等。从学生的回答中就可判断学生是否正确地理解了信息。

3) 回忆具体的知识或信息。如 What do you call "瘦" in English?

4) 课堂管理。如《课程标准》（2011 年版）附录 9 课堂用语中提供的"Managing the class"：Are you ready for class? /Can you hear me in the back?，这些问题都属于此类。

5) 引导学生学习。如 Do you have any plan for the coming Mid-autumn Festival? 该问题让学生想起我国中秋节的传统习俗，随后，教师开始介绍美国的 thanks-giving day，学生会更好地理解这也是一个家庭团聚的节日，是一个庆祝收获的节日。这样，学生就能把关于节日的知识很快地串起来，丰富他们对节假日的认识。

6) 鼓励更高层次的思维活动。比如，Which would be more reader-friendly, e-books or paper books?

7) 组织或指导学习。比如，下面的这些句子，谁能总结一下这些例句中的动词有什么特点？

　　8）澄清、引导思维。如，前面例子探询性问题。

　　9）鼓励学生反思。如，What are the strong points of your group performance?

2. 课堂提问的常见问题

　　根据本人观察和文献阅读，发现课堂中有很多无效的问题，其表现大致归纳如下：

　　1）太多封闭性、表面化问题。尤其在阅读课上，教师为了检查学生是否理解课文，提出的问题多半是只有唯一答案的问题，不需要学生太多的思考。其次，太多关于简单事实的问题，学生可以轻易地从文中找到答案，甚至不需要对文字进行仔细的解读。如果这些问题是在训练学生 scan 的阅读方法，还是可取的，但太多这样的问题则会剥夺学生进行深层阅读、锻炼思维能力的机会。

　　2）时间问题。有时为了节省时间，完成教学内容，教师在提出问题后立刻让学生回答，当学生来不及思考做出答案时，或者答案不是教师预期答案时，教师就直接给出答案。长此以往，学生将习惯于教师的自问自答，不会积极思考问题。有研究表明，如果教师提问后能够等待 3 秒再让学生回答，或者在学生回答之后等 3 秒再进行反馈，课堂效果会大为改善，学生可能会给出更多的答案。

　　3）问题不明晰。有时，教师自己都不清楚自己想问什么，所以提出的问题让学生感到费解；有时也可能是由于教师自身的语言水平不高，表达不清楚，以至于学生不知道要回答什么，甚至教师自己都不确定自己到底要表达什么；其次，教师提出问题时并没有对问题进行思考，至少自己没有设想可能的过程和结果。比如给出的是一个开放性的问题，提供的答案却是一个固定的答案。

　　4）针对小部分学生提问。有些教师把提问只看做一种教的形式，是一种推动课堂的方式，但并不是学生学的方式，所以在问题设计时很少考虑谁来回答。每个班上都有一部分成绩好的同学，他们自然地成为教师常常依靠的对象，无论是自愿回答还是教师点人回答，这些同学总是主力，逐渐地，更多的同学会陷入沉默，甚至整节课失语。

5) 对待学生回答的态度。教师对待学生回答的态度会鼓励学生，也能让学生产生挫败感。当学生提供答案后，教师没有对答案进行评价和反馈，而是直接转向其他同学的答案，这对前一个同学的自信会有很大打击；同时，评价时如果不注意方式，也会挫伤学生的自信，让学生感到紧张从而失去回答问题的勇气。

6) 用提问作为惩罚。有些学生上课不听讲，教师为了引起学生的注意，在明知学生不会回答的情况下点学生回答问题，其目的是提醒学生注意，但这种让学生尴尬的方式会让学生对提问产生敌对的心理，认为教师用这种方式来惩罚他们的分心。鲍里奇指出，用问题作为惩罚或让学生尴尬的方式，是对问题的不恰当的使用，"往往不能改变学生的不当行为，问题只是一种教学手段，应该被用于特定的目的。对问题的不恰当使用或将它用于其他的目的都会影响学生对问题的看法和态度"①。

3. 提问的策略

基于上述原因，本文总结了如下提问策略：

1) 创造环境。安全、鼓励冒险的学习环境让学生敢于回答问题，不怕犯错。比如，让学生回答问题时不必站起来，只要在座位上大声陈述就可以；单独点同学回答问题前，给出一点时间让学生讨论；在回答问题时，允许同组或同桌进行补充等。

2) 问题的类型与价值。问题应该促进学生的思考，开放性的问题应该多于封闭性的问题。问题不是惩罚的方式，而是促进学习的方式。

3) 试探性地提问。在提出问题前，先提出一些简单的、认知水平低一些的小问题，逐步引导学生回答认知水平高的问题。或者在形式上，开始让全班同学一起回答，然后再让单个人起来回答，以保证全班都能清楚、准确地听到答案。

---

① 鲍里奇著. 有效教学方法(第4版)[M]. 易东平译. 南京：江苏教育出版社，2002：239.

4）提前告知大问题。如果有一些问题难度较大，需要花时间思考，可以提前布置给学生，以便学生有所准备。在正式回答之前，还可以给学生 1~2 分钟交流答案，整理答案后再给出回答。

5）给出思考的时间。提问的目的是为了促进学生思考，前面也提到，哪怕给出 3 秒的等待时间都可能提高效果，所以，教师在提出问题后，要耐心等待几秒钟，鼓励学生思考，因为学生进行有成果的思考比教师提供答案更能促进学生的学习。

6）对答案提出限制。提问不仅要学生给出答案，而且要限制答案，比如答案不能少于 15 个单词，必须用完整的句子等，这可以帮助学生在注意内容的同时也注意语言形式。

7）允许学生提问。鼓励学生向老师提问，向同学提问，鼓励他们自己寻求答案，互相帮助提供答案。学会提问是非常重要的一个能力，教师在提问学生的过程中也要给学生机会，让他们善于发现问题，并以合适的方式表达他们的问题，帮助学生形成问题意识。

8）提问面向全班，而不是只针对几个同学。面向全班，并不是说，每次提问都是集体回答，尽管这也是提问的一种方式。此处所说的面向全班，是指提问的覆盖面应该是全体同学，学业水平高的、中等的、不足的同学都有机会回答问题。提问中，全班提问和单独提问可以交叉进行。有时，全班回答可以保护那些比较胆怯的学生，给这样的学生一个准备的机会，当集体回答结束时，教师可以单独点这样的学生再说一遍集体回答时可能不那么清晰的答案，一方面这能确保每个同学清楚知道答案，另一方面，也给胆怯的同学一个回答问题的机会。此外，单独提问时，并非每次请那些举手的同学回答，也要鼓励或者请那些没有举手的学生回答，应该确保每个学生都有单独回答问题的机会。

9）利用学生提供的答案追问。比如，学生在读完一篇文章之后，会要求他们回答问题。教师可以追问学生得到该答案的证据是什么，这样可以促使学生关注文本信息，也让没有得到正确答案的学生发现自己的误解所在。此外，教师的追问，可以促进学生讲出其推理过程，或者他们使用的学习策略，这有利于教师了解学生的策略使用的状况，也对其他同学提供了策略使用的榜样。追问的方式有很多，比如，让学生举例说明他们想表达的内容；换一种表达来澄清他们的看法等。

三、生生互动

生生互动显然与师生问答式的互动有着显著的区别。师生问答中教师可以比较有效地控制问题的方向，引导学生以教师期望的方式回答问题，包括必须认真听懂问题，使用英语来回答问题，最后教师也能够顺利地得到预期的结果；但因为师生之间角色的不同，这种类型的互动往往让学生的参与面和参与状态有所限制；而生生互动是发生在学生之间的，相似的年龄层次、心理特点、角色会让他们有更自在的感觉，但同时，学生也可能出现更多的问题，如讨论中使用母语而不是英语来进行，不去认真听他人的发言而只发表自己的看法，甚至不参与；讨论中偏离话题的方向；缺乏时间观念等，都可能导致生生互动的低效。如何解决这些问题？首先，我们来看一下合作学习的基本要素，也许能够让我们更好地理解合作学习的原理。根据研究，合作学习一般采用结对子或小组的形式进行，所遵循的教学程序为：呈现教学目标、教学、小组合作、测验、评价和奖励。其中，教学目标包括学术性目标和合作技能目标，不仅仅包括认知目标，还包括情感领域的目标（如合作、尊重、互助、团队精神等）；测验的目的在于检查小组学习效果，评价的形式包括师生评价和生生评价。① 以下将详细探讨互动的相关内容。

1. 分组策略

生生互动，一般是以小组形式进行，也可以说是一种分组学习。分组学习，是一种组织教学的形式，而对学生而言，也是满足他们"关系需要"的一种方式。学生很重视与他人的交往，容易受他

---

① 马洪亮. 合作学习的内涵、要素和意义[J]. 外国教育研究，2003（5）：16-19.

人的影响。他们需要学习社交技能以满足将来生活工作学习的需要，同时，在本阶段，他们也存在着关系的需要。

成功的分组，可以激发每个成员在小组中做出贡献，让每个人都得到好处，但总是有一些学生不能融合到小组学习中。变换分组方式，尽量保证同组的学生存在某种合理的、有意义的连接方式，这可以提高分组的效果。以下内容将首先把分组视为一个教学活动，用以引起兴趣、创设信息沟、复习等，最后得到"分组"的结果，可为接下来的教学活动做准备。

1) 找朋友。按照班级的总人数准备足够的卡片或小纸片，并根据教师要分成的小组数让卡片含有不同的信息，将带有不同信息的卡片随机发给学生，要求持有相同卡片的学生组成一个组。如，20个人的班级要分成 4 人一组的 5 个小组，那么准备 20 张卡片。如果卡片本身有白、红、黄、绿、蓝等颜色，则可以利用卡片本身的颜色随机发给学生，同样颜色的学生组成一组。如果全部是白色的卡片，则可以在纸上写上 5 个不同的单词，如学生学过的动物词汇，dog, cat, elephant, lion, monkey，每个学生拿到一张卡片后，卡片上有同样单词的同学组成一组。除单词之外，表达法还可以用来作为分组线索：good morning, good afternoon, good evening, how are you, fine 等。当所有学生拿到卡片后，请一部分同学依次大声念出自己卡片上的信息(英语单词、表达法等)，要求有同样单词或表达法的同学举手示意并大声读出自己卡片上的信息以确认是同组并记住组员，以此类推。当 5 个组的成员找到朋友后，教师展示出指定的小组区域，让学生迅速组成新小组。这个活动可以帮助学生复习学过的单词并检查发音。

2) 拼板。根据要分的组数，找到相应的几幅图片(参照后面的图 1 和图 2)，内容符合学生的认知水平和生活经验，与学生已学过知识相关或者与将要学习的主题相关。将每幅图按照小组人数剪制(如一组 4 人，就将一幅图剪成 4 块)，然后随机发给学生，要求学生拿着自己的拼件去找组员，当他们拼成一幅完整的图画时，小组也就形成。在活动开始之前，教师可以展示在寻找过程中主要用到的简单表达，如：

—Excuse me, can I see your picture?

—What do you have?

—Do we have the same picture?

—Let's find the other 1(2) part(s).

......

当学生拼图成功后，还可以让学生根据图片编故事，并给自己的小组取组名。对于初三、高中的学生来说，其英语水平和认知能力已经达到一定水平，运用漫画类的拼图可以让学习更有意义。拼图成功后，让学生首先描述图片，然后讨论和表达他们对于漫画主题的理解。如果教师选取的图片是一个系列（如图3），那么可以在完成拼图和各组的图片表述之后，让学生根据各组描述的内容，分析其逻辑顺序，然后进行排序，确定各小组拼成的图片应该是什么顺序，最后根据图片的逻辑顺序确定各组的位置。

3) 兴趣组。根据不同的兴趣爱好来分组。如，用某景点代表旅游、用图书馆代表读书、吉他代表音乐、操场代表运动、用笔墨代表书法、用画板代表美术等。兴趣爱好是英语教材中不可忽略的一个主题，从最简单的 what do you like to do? 到 hobbies，各个层次的学生都有相关的学习内容。所以，在这个分组活动中，教师可以要求学生先做选择，形成小组后，再要求各小组完成任务，如：回忆关于该主题的词汇、列举喜欢的理由、或者该兴趣的好处、满足兴趣的条件等等，最后全班交流。

或者，根据要分的小组数从本学期要学的单元主题中挑出等量的话题。让学生自主选择他们最感兴趣、或者最好奇、或者他们自己可能有能力自学的单元，然后根据他们的选择，分成不同的组，并在随后的学习中承担部分相应单元的课堂活动任务。

或者，按照学生喜欢的颜色、梦想去学习的学校、去旅游的国家或地区等进行分组。

4) 生日。将生日相近的同学分成一个组，如1，2，3月一个组，4，5，6月一个组等。先告诉学生分组的标准，然后让学生以此用英语大声讲出自己的生日，要求每个人记下与自己同组的同学的生日和名字，最后找到自己的组员。该活动要求学生熟悉月与日

（1）
http://image.haosou.com/v？q=学校……

（2）
http://image.haosou.com/v？q=学校……

（3）

www.dpfy.cn

期的表达法，要求听者进行辨别并选择性地做笔记，所以，学生必须全神贯注才能完成任务。

　　5）数字分类。按照要分的组数，让学生依次报数。如需要 5 个组，那么让学生依次按 one，two，three，four，five 报数，报同样数的学生在一组。可以通过选择数字来提高挑战性，并强化学生的发音和辨音能力。如选择，twelve，thirteen，fourteen，fifteen，sixteen；甚至 twenty，thirty，forty，fifty，sixty 等。学生需要高度注意听清前面同学的报数，并记住自己的顺序。

6）虚构人物家庭。利用学生了解的影视书作品中的人物，包括语文教材中的某些故事中的人物，选取适当的人物数。将不同人物名字写在卡片上，随意发放，然后要求同一故事中的人物或同一家庭中的人物组成一组，之后让学生用英语讲述该故事，并给自己小组命名。如，语文教材中学过水浒传的部分章节中的人物；动画片《熊出没》中的人物；英语的 Good Luck, Charlie（幸运查理）；Cinderella（灰姑娘）中的人物都可以作为分组的线索。

7）其他临时分组方式。如发给学生不同的材料，并在材料上编号。材料编号相同的学生组成一个组，并共同完成材料上的学习任务。利用学生座位靠近的便利，前后排，或者左右相对构成小组。和学生共同协商分组方式，权衡、协调不同学生的学习要求和风格，让他们了解分组的目的、意义，并让他们参与教学组织，为今后小组活动的有效进行做好准备。

分组的方式很多，如果能将分组活动与课程的学习内容相联系，会让分组更有意义，这不仅可以有效地利用课堂时间，还可以促进学生之间的联系。学生因为某种共性或标准走到一起，这个机缘是帮助他们建立社交关系的一种方式，也是增加彼此了解的一个机会。

2. 互动的要素

课堂互动是为了达到学生真实交际、建构意义、从经历中获得知识训练技能的目的。所以，在互动中要注意让互动具有真正交际的需求和过程，使得互动具有意义；要让学生经历过程，并在过程中运用知识、学到知识，产生或者保持兴趣，在知情意方面有所收获。为此，本文认为教师可以从以下几个方面思考。

保证参与。互动的前提条件是要保证学生能够参与到互动当中。参与到互动中的学生会积极思考、发言、互相帮助、做笔记等；还有的学生会自觉成为小组长，组织小组成员开始讨论，安排话语权，主动承担小组发言的任务等。

明确目标和要求。英语课堂互动中，语言既是训练的目标又是实施训练的工具，其目的是在"用中学"，就是通过使用英语而提高英语。"当我们流利使用语言传递信息或者获取信息时，我们一般都没有意识到语言的结构。"①教师在设计互动的时候，必须明确活动瞄准的是内容还是语言形式，是要学生熟练掌握某种语言形式还是提高分析问题这样的思维能力？如果二者要兼得，应该遵循什么步骤？最后呈现的结果是什么样子？如何评价？这些都应该在活动之前就设计好。

注重有意义的真实。有意义是指：①符合学生身心发展特点的活动形式和内容；②与学生的学习需求相关的，如进行高层次的学习、考试；③学生现实生活中用得着的、在发生的、不是为语言而语言的学习；④对学生情感、道德、价值观有影响。任何教学都有教育的责任，引导学生思考自己的学习方法、行为方式、道德准则会帮助学生成为全面发展的人。选择有意义的话题是保证学生愿意参与活动的基础。话题要符合学生的认知、身心发展的特点，与他们的日常生活、学习、环境相关。

面向所有人。英语课堂中的互动一般以异质小组为单位进行。要让人人都能参与，教师可以从角色分工、问题的角度、呈现的结果形式等方面设计不同的层次，让每个学生可以选择一个适合他水平的任务。

构成学习共同体。互动往往具有开放性、生成性和挑战性的特点，无论教师准备得多么周全，只要是真实有效的互动，学生一定会产生超出教师预设的学习行为和结果。在学生互动活动中，教师要承担监督、帮助、分享、评判等多种任务。他们不仅督促学生把注意力集中在任务上，也能及时发现学生的问题，提供语言帮助；他们直接参与其中，贡献自己的看法；有时又需要成为学生不同意见的裁判，引导学生得出最后的结论。

反馈促进学习，总结体验价值。任何活动都要有始有终。课堂互动的最后，一定有结果展示。当学生呈现了他们互动的结果之

---

① Segalowitz, N. Cognitive Bases of Second Language Fluency[M]. New York：Routledge，2010：157.

后，"good"，"marvelous"，"excellent"这样貌似表扬实际敷衍的空洞评语，一定会慢慢毁减学生参与互动的兴趣和态度。善于发现学生的亮点，以学生互动的过程和结果中的细节、实例作为评价表现的依据，充分肯定其优点，恰当指出不足，这样才能促进学生的学习。课堂互动的最后一个环节应该是教师对照目标，总结整个活动的成果。此时，每个小组呈现的结果，无论是思想还是语言，都应该是教师充分使用的素材。教师所做的是将学生呈现的所有思想整合，使之有条理，然后通过正确的语言形式(口头或者书面)反馈给全体学生，而不是教师事先预设好的总结。这是又一次的语言输入，更是对学生的尊重，充分体现学生思考的价值、表达的价值和参与的价值。

3. 如何让互动有效

教师在进行教学设计时，不仅仅包含学生互动这个教学环节，更要有细致的思考、预设和准备，才能保证课堂实施的顺利。在设计的时候，下列这些问题可能有助于教师思考：

1)目标明确。本次互动活动目标与本节课或者本单元的教学目标一致吗？目标中是否包含了语言(语音、语法和词汇)、交际能力(征求意见、期待对方澄清等功能性表达和交际策略)、情感目标(乐于说英语、积极表达等)？

2)预期得到的结果。比如，能按时完成练习；用过去时态讲述完整的故事；提出5条建议等。

3)预计时间。根据话题的难度和人数预计讨论的时间，以及讨论后小组陈述答案所需要的时间，包括陈述结果的组数，评价的时间和总结的时间。

4)限制条件。比如，必须用英语交谈；最后的结果展示要在1~2分钟之内完成，不得低于1分钟，不要超过2分钟；本次小组发言人和上一次发言人不能是同一个人等。

5)话题水平。话题是否有唯一答案？英语程度高和程度低的学生是否能在本次活动中充分利用自己的知识和能力参与讨论？能否从答案的质或量上体现学习者水平的差异？

6）指令。指令是否清楚、简洁、易懂？是口头介绍还是有文字和图片展示？程序较多的活动是否需要流程图等方式来向学生明确活动步骤？

7）所需的资源。是否需要文字资料，如短文、图片？是否需要特别的文具等？

8）监控与帮助。如何监控每一个小组？学生可能需要什么帮助？如何帮助或指导他们？当小组无法提供信息和看法时，如何给他们提供帮助？

9）反馈与总结。预设的结果与单元主题是否一致、恰当？学生可能提出哪些方面的答案？如果有超出意外的答案，教师如何引导？

10）依靠集体。互动的活动应该具有挑战性，必须依靠小组而非个人力量去完成，这样才能促使每个成员努力参与；此外，如果对活动结果的奖励取决于每个成员的成功，而不是针对某个人的努力，合作学习的有效性也会显著增强。

11）自我管理和负责。教师可以给予学生一定的自主权，让学生有自己组成小组的机会，对自己的成绩负责，同时在完成任务后对自己的表现进行自我评价，如：成员是否都参加了？讨论中是否注意倾听他人意见，有不同意见时，是否做到对事不对人？教师可以用清单的形式列举自我评价或反思的内容，以便引导学生从任务完成质量、交际意识、团队精神等多方面进行评价。

4. 信息沟的使用

中学阶段，学生的英语水平有限，主要任务是掌握语言知识和基本语言技能。课堂上使用生生互动的形式主要是为了熟练使用某一个语法项目，或者某些词汇，所开展的互动一般是针对语言目标。为了让以语言知识为目标的活动真正交际化，而不是停留在机械练习上，很多教师青睐使用信息沟。

根据交际理论，人们需要进行交际是因为拥有不同的信息，有交换信息的需求。英语教学中使用的信息沟或者信息差（information gap）活动，就是根据交际原理而设计的教学活动。在两人一组的活动中，两个学生持有不同的信息，需要通过交谈而获得必要的信息，这样才能完成任务。为了获得信息，学生要反复地提问和回答，为此，他们可能需要反复用到一些表达法、一些语法形式才能顺利获得信息，从而达到交际中训练语言形式的目的。

例1：

A's Information：

Person's Name	From	Occupation	Weekends	Movies
1. Jill（female）		doctor		romance
2.		professor	go fishing	
3. Jared（male）	Cincinnati			action
4.	Cleveland	banker	play cards	
5. Janet（female）	Dayton			

B's Information：

Person's Name	From	Occupation	Weekends	Movies
1.	Toledo		relax at home	
2. Jason（male）	Columbus			horror
3.		mechanic	play baseball	
4. Jenny（female）				drama
5.		lawyer	read novels	comedy

Sample Questions：

What is the first person's name?

How do you spell it?

Where is he/she from?

What is his/her occupation?

What does he/she do on weekends?

What kind of movies does he/she like?

After completing the chart, discuss with your partner.

Which person would you like as a friend?

Why?

(*From* http：//www. eslgold. com/speaking/information_gap. html)

本例中，学生在完成任务时，需要不断用到教师提供的表达，这样可以达到训练的目的；在提供的问题中，前面的六个问题是封闭性问题，而最后两个是开放性问题。让学生既能训练语言，又能借助自己完成的任务进一步思考，并运用语言表达思想。此外，这个活动设计具有连贯性，最后的两个问题是以前面完成的任务结果为基础进行的，这样使得学生在完成前面的活动任务时更加认真，以免影响后面的任务完成。

例 2：The Text Jigsaw

目标：阅读、概括、写作、解释、流利性练习

准备：将要学习的课文分成 4 部分，分别标以 ABCD，并每份复制全班同学的人数的 1/4 份。然后给材料 A 上写上编号 1，2，3，4 号；同样，把材料 B、C 和 D 也以 1~4 的编号进行排列。准备好后，还是按 ABCD 的顺序放好。

步骤：

1)让学生按照 ABCD 的顺序报号。学生报 A，就把材料 A 发给学生，报的 B，就给材料 B，以此类推，直到所有人都拿到材料。并告诉他们，1~4 的数字编号随后会用到。

2)同伴学习。取得同样材料的学生在一起学习，阅读拿到的阅读材料，弄懂内容，并以书面的形式概括大意。

3)学生按照相同的数字组成新的小组。此时他们每个人拿着不同的材料。拿着材料 A 的同学需要把自己阅读过的内容讲给 BCD

听，BCD 也以此类推，把内容讲给同组成员听。并挑选出自认为最重要的句子向其他同学解释意义以及为什么重要。最后，全组同学依据自己的材料以及听到的信息，共同努力完成对这样一篇文章的理解。

4）教师以书面或者口头的方式，检查小组阅读的状况，包括大意和细节，以及某些句子的解释。

5）如果教师发给学生完整的课文，可以要求学生课外重读整篇文章，第二次上课时再进行针对个人的测验。

（来自《如何教好大班英语课》，pp. 119-121，有修改）

我国大多数英语教学都是围绕教材来进行的，而额外复印大量的材料可能对教师造成麻烦，所以，实际教学中，教师可以直接使用学生未曾预习的课文，要求 4 人组中的小组成员每人负责某 1 段或者几段（视文章篇幅而定），如让学生按 ABCD 报号，凡是报 A 的同学都读第 1~2 段，B 读 3~4 段，以此类推。在规定的时间读完后，让学生和邻组相同号的学生一起协商所读内容，并写下概要；之后回到本组，合上书本，依据自己的记忆、理解和书面概括将内容传达给组内其他成员，最后教师进行检查。如果课堂时间足够，可以立刻让学生读完整篇文章，再进行提问、测验，以帮助学生、检查学生的阅读理解情况。

例 3：The Picture Jigsaw

目标：流利地阅读文章，增强词汇，提高听、写能力。

准备：有多少小组就准备多少图片。这些图片可能是故事性的，也可能是任何一种图片，最好要有一些人物图片。

步骤：

1）分组后，每组一张图。

2）小组研究图片，确定如何描述图片。

3）在不看图片的状态下描述图片，然后再看图片以确信自己没有忘记图片的任何细节。

4）教师把图片收起来。

5)重新分组，每个新组成员必须是看到不一样图片的学生。

6)新组成员逐一描述他所看到的图片内容。

7)当每个同学描述了图片后，新组成员要根据他们所知道的图片内容编一个故事，让一位同学担任秘书，记录下他们所编的故事。

8)教师把所有图片贴出来。

9)请每个组派出一个代表来读他们的故事，教师根据他们所讲的内容重新安排图片的顺序。

（来自《如何教好大班英语课》，pp. 121-122，有修改）

例4：Listen and Read

目标：提高听、写、说、推理能力

准备：一段听力对话。先学习必要的新词汇，在一段听的对话中，学生只能看到部分文字，要求学生听写补充完整对话内容。

步骤：

1)结对子学习。分好任务，一个人负责对话中的 A，一个人负责 B 说的内容。要求听并写下遗漏的内容。

2)正常速度播放 1~2 遍(视材料难度而定)，中间不停顿；然后学生分组和结对子交流听力内容，确定信息的准确性，包括拼写的正确。

3)回到原位，将自己知道的内容和另一个人交流，确保彼此能把对话补全。

4)请部分组员代表朗读对话，其他同学核对信息。或者一组对子中派出一个代表，和另一组的一个同学完成朗读任务。

本章以互动理论开始，讨论了课堂互动的主要形式，即提问和生生互动。在提问部分，讨论了提问在教学中的作用，提问中常见的问题以及提问策略；在学生互动部分，首先介绍了几种分组的方式，然后讨论了互动中的相关要素，以及让互动有效需要考虑的一些问题，最后特别强调了信息沟这种常见互动方式在教学中的使用，补充了少量例子，期望帮助教师开阔思路，更好地进行课堂互动。

第七章 教学延伸

一般来说，教师的主要精力都投入到课堂教学的准备和实施中。在教学设计阶段，教师会考虑每个环节的安排、活动的设计、讨论的话题等等，但对练习重视不够，可能只把练习作为教学的最后一个环节，只要"有"就觉得足够了。教学实践中，很多教师"在上课的最后一分钟布置课后作业，要求学生到网上查找相关资料，往往语焉不详，显然只是泛泛的号召"。"课外学习是课堂学习的延伸……外语课堂教学的另一个重要观察点就是看教师如何协调和指导学生的课内外学习。如果教师布置的课外作业或任务在课堂上得不到反映，学生可能就不会认真准备。课堂上应该给学生展示其课外学习成果的机会，并在课堂上加以评估，看看他们学习的效果……学生课外学习碰到困难，教师还要给予适当的指导。"①束定芳教授的这番话明确地指出了当前教学中课外作业的现状、课外作业的重要性，以及应该如何对待课外作业的结果等问题。

课外作业并没有得到教师的足够重视，可近年来总可以看到有关课外作业引发的争议。2013 年 4 月《现代快报》以"假期书面作业可做可不做 腾出时间踏青放风筝"②为题，引发讨论；2012 年 2 月《四川在线——天府早报》以"成绩好学生免写寒假作业 家长质疑老师偏心"③为题，报道了教师根据学生期末考试成绩来决定学生是否做寒假作业，由此引发争议。相关的报道还有一些，这些报道

---

① 束定芳. 外语课程教学中的问题与若干研究课题[J]. 外语教学与研究（外国语文双月刊），2014(5)：419，446-455.

② http：//finance.ifeng.com/money/roll/20130402/7854705.shtml.

③ http：//news.sina.com.cn/s/2012-02-02/055723869459.shtml.

让我们思考：作业一定是书面的吗？或者只有书面的作业才是作业？作业是课堂学习的必备还是一种奖惩的手段？如果期末成绩考好了，是不是就表示学生已经掌握了该掌握的内容，达到了教学的目标，从而不再需要学习？或者，这些寒假作业本身就有"炒剩饭"之嫌？

一、作业的目的

课外作业，也就是与课程内容相关的练习活动，是课堂教学的延伸，有着非常重要的作用。加涅提出的9个教学事件中，第9个事件是促进保持和迁移，尽管这是教学事件序列中的最后一个，但促进保持和迁移的教学活动要经常地嵌入到更早阶段的教学中。如，间隔复习能促进智慧技能和动作技能的保持……而促进迁移和保持的主要方式就是练习。在教学过程中，教师设计各种练习活动，促进知识的理解和习得，比如，讲解语法后，教师会让学生通过书面或者口语活动操练所学。但是，仅仅依靠课堂上有限时间内的几个例子、几个练习活动，学生是无法真正掌握学习内容的，他们还需要投入时间和精力去练习才能保证记住，并且能在需要的时候自如地使用。奥姆罗德(2013)指出，家庭作业可以用来促进和复习学过的知识，内化知识；让学生在新的情景中运用知识和技能，达到知识的保持和迁移。

作业的目的不仅于此，我们可以把课外作业的目的大致概括为：

1. 为了知识与技能的保持和迁移，也就是巩固课程所学，将所学进一步融进知识结构中，达到自动化的程度，并在需要时能迁移到其他的情境中去使用，这才是学习的最终目的。而练习是促进知识变得自动化和更加持久地存在于人们记忆中的重要方法。那么，怎样设计练习来帮助学生们达到目标，这需要遵从学生的心理发展、认知发展的特点。心理学的研究告诉我们，随着年龄和经验的增长，进入学校学习的儿童能逐渐获得更加有效的学习策略来进行有效的长时记忆存储(如精加工策略、组织策略、记忆表象策略等），但并没有有意识地去做，教师如何通过练习来帮助学生，这是练习设计必须精心考虑的问题。

2. 培养自主学习能力。自主学习能力不是先天就有的，而是通过后天的学习获得的，这种能力不仅能促进学生在当前的学习中获得好的成绩，还是保证学生可持续学习的基础。学生学习习惯和自主学习能力的培养，依靠课堂是不够的，依靠教师的教导也是无法形成的，更需要在教师的引导下去"做"，才能逐渐形成习惯。初中英语《课程标准》在前言中指出："使语言学习的过程成为学生形成积极的情感态度、主动思维和大胆实践、提高跨文化意识和形成自主学习能力的过程。"在课程性质的表述中指出："基础教育阶段英语课程的任务是：激发和培养学生学习英语的兴趣，使学生树立自信心，养成良好的学习习惯和形成有效的学习策略，发展自主学习的能力和合作精神"，高中英语课程的总目标中指出："使学生在义务教育阶段英语学习的基础上，进一步明确英语学习的目的，发展自主学习和合作学习的能力。"即使到了高等教育阶段，自主学习能力依然是英语教学的一个重要目标。最新的《大学英语教学指南》（征求意见稿，尚未对外公布）(2015)指出："大学英语的教学目标是培养学生的英语应用能力，增强跨文化交际意识和交际能力，同时发展自主学习能力，提高综合文化素养，使他们在学习、生活、社会交往和未来工作中能够有效地使用英语，满足国家、社会、学校和个人发展的需要。"自主学习能力受到各层次教育的重视，也正说明该能力的形成非一日之功，需要长期的、持续的努力。

3. 诊断和反馈教学。课堂教学的时间有限，在课堂上貌似解决了的学习难点，学生是否真正掌握了？教学是否达到了预定目标？这些问题的答案恐怕不是课堂上能立刻得到的。学生来学习的目的不仅是为了眼下，更是为了将来能用到，所以，课堂学习一定要打好基础，并通过相关的课外学习，反映、检验及巩固课堂学习成果，为教师的教学提供依据。教师可以依据学生作业中反映的情况，看到自己教学成功的地方和不足的地方。如果在课外作业中，较多的同学犯同样的错误，则说明该问题没有讲清楚；如果只是个别的问题，教师可以有针对性地帮助学生，从而能够提高每个学生的成绩。

二、作业的原则

作业的性质，如机械记忆还是意义学习，受学生喜欢还是令人厌倦，都会对学生掌握知识的程度、形成的学习策略产生影响。奥姆罗德（2013）指出：布置作业时，老师要考虑学生在家里学习的时间和条件，与其他学科的协调（以免学习负担过重），学习的资源，如参考书、电脑、词典、辅导者，甚至生活条件等都可能导致不一样的结果。在布置作业时，也许可以考虑下列内容：

1. 作业是为了指导学习和诊断教学中的问题，而不是评判学生的手段。为此，尽量不要用家庭作业来评价学生的学习和决定学生的最终成绩。有些教师为了提高学生对练习的重视程度，就宣称以作业的好坏来确定成绩。这种做法一定程度上可以引起学生对作业的重视，但因为重视的是结果，而不是过程，这可能会导致学生为了拿到一个好的结果而采取不诚实的行为，比如去抄袭答案，或者向他人求助。这样的求助不是为了学习，而是为了追求一个好结果，这就从根本上歪曲了作业的本来目的。

2. 作业要有能够引起学生兴趣的任务。要引起学生对作业的重视，通过作业的形式和内容来引发学生的兴趣可能比教师的命令更加有效。处于不同年龄阶段的孩子，喜欢和擅长的学习方式是不一样的。采取适合他们兴趣但又有一定难度的任务，会引发他们的学习兴趣。

3. 提供给学生完成家庭作业所需的知识内容、结构和必要的方法，让学生能够独立完成，而不必求助于他人。

4. 作业既要有必须完成的内容，也要有学生自愿完成的内容，以便让学生有自主感和控制感，增强他们的内在学习动机。

5. 当学生缺乏自我管理能力或学习资源有限时，教师要帮助建立有监督的课后家庭作业项目，提供必要的资源。

6. 作业的目标要切实可行，适合学生完成。此外，作业不是惩罚学生的手段，不能因为学生表现不好或者犯错而惩罚抄单词100遍；也不要因为学生表现好就以"不做作业"为奖励的手段，作业或者练习是一切学习所必需的方式和过程。

7. 作业需要设计，要和课堂教学内容一起考虑。作业设计也包含完整的目标—内容—过程—结果—评价—反思。

我国很多一线教师也总结了一些作业原则，有的与上述方法相同，有的不同。比较常见的原则包括：作业要有层次性、趣味性、创新性、计划性、针对性、可操作性等。作业可以分为课前的预习和课后的复习巩固两大类；在作业的形式上，如实践类、制作类、课题、创新等，有口头和书面作业形式；有个人、学生之间合作，以及学生与家长甚至社区合作的形式等。

三、作业设计的依据

很多一线教师都知道，课外作业要有趣味性，要符合学生的身心发展特点。所以，作为教师，我们有必要了解不同时期的学生的心理特点，才能有的放矢地设计作业。心理学的研究表明，不同的年龄阶段，学生在动机、认知等方面是有着显著差异的。以下根据林崇德(2002)、奥姆罗德(2013)、庞维国(2003)等相关著作，总结了不同时期学生在学习动机、思维、记忆、学习策略和自我调节等方面的一般特点，并分析了对作业的启示。

1. 小学时期

学习动机。小学生努力学习主要是为了得到好分数从而得到父母和老师的表扬和奖励，或者是满足完成学校、老师布置的任务。他们的学习兴趣也在不断地发生着变化。对于低年级学生来说，比较新颖、经常变化的学习形式容易激发学生的兴趣。从 3 年级起，他们渐渐更喜欢比较新颖、需要动脑和独立思考的学习内容。为此，如果教师讲明活动的内容、目的、结果的意义与价值，将会有助于学生对活动的理解并激发他们的兴趣。从中年级开始，他们对不同学科的兴趣也会发生变化，教师教得好不好，以及学生自己对这门课程的看法会渐渐影响学生对一门课程的兴趣；此外，他们对具体的事实和经验的兴趣也慢慢转向抽象的知识，对游戏学习方式的喜爱渐渐降低，开始对学习活动本身有兴趣。兴趣也逐渐广泛进来，如阅读兴趣，可能从课内发展到课外，从童话故事发展到科幻、军事读物，并有模仿倾向。

学习态度。小学生对老师、作业、分数的态度主要表现为：低年级时期，将教师视为绝对的权威；3 年级开始，逐渐对教师有选择和评价。信任那些教学好，对学生有耐心、公平的教师。对待作业的态度，渐渐学会按照老师的要求专心完成作业。对分数的态度，很大程度上受教师与家长对分数的态度影响。为此，教师需要引导学生正确理解分数的意义，同时在教学中正确地对待分数，比如，不因为分数高而过度赞扬，也不因为分数不好而打击学生。

思维发展。小学阶段的认知属于皮亚杰的具体运算思维阶段。思维发展是从具体的形象思维逐步向抽象逻辑思维的过渡和发展，而具体性思维仍然占有很大比重。

记忆的特点。3 年级开始，逐渐从无意记忆占主导发展到有意记忆占主导；从机械记忆向理解记忆(意义记忆)发展。在实际学习过中，因为学习内容和要求的不同，机械记忆和理解记忆都是需要的，教师在教学中应该充分利用小学生机械记忆强这一特点。

学习策略。低年级学生更善于具体的形象记忆方式，开始使用复述方式去记忆，但不太有效；开始使用视觉表象来增强记忆，尤其是当老师或者家长提醒或建议使用该策略的时候；一般情况下，他们基本上不会去有意识地学习和记忆；从 3 年级起，开始自发、有意地并逐渐有效地使用复述策略来记忆一些内容。

元认知。所谓元认知就是"对自己认知过程的理解和信念，以及对于那些可以增进学习和记忆的行为和思维过程的有意识的尝试"①。学生能逐步反思自己思维过程的特点，但容易高估自己的记忆容量等。

自我调节能力。自己控制、监控和评估自己的学习和行为的过程，这是自主学习能力的一个重要方面。奥姆罗德(2013)指出，自

――――――――

① 奥姆罗德著. 教育心理学精要(第 3 版)[M]. 雷雳等译. 北京：中国人民大学出版社，2013：98.

我调节者会为自己的表现设计目标和标准，自定学习任务和行动计划，控制和尝试控制自己的动机和情绪，在需要时会寻求帮助和支持，会评估自己努力的最后结果；会对自己的表现施加一些额外结果，如奖励自己或者感到自责等。从 3 年级开始，学生自我评价的能力逐步提高；出现了自我调节的学习策略，如能有意识地集中注意力做作业等；部分学生能合理地安排时间完成自己的学习任务；初步发展自我意识，但自我调控能力较弱，主要依赖于外部的控制力量，愿意接受传统和权威的约束和支配，相信权威。

对英语作业的启示。从前面可以看出，3 年级是学生各方面发展的一个重要时期，这个阶段学生在思维、记忆等各方面有着显著的进步。我国的外语课开设一般是从 3 年级，甚至 4 年级开始的，这时的学生已经养成了做作业的习惯，具有一些学习策略，如汉语学习中背诵古诗、短文常采用复述策略，这些经验为英语学习打下了良好基础。但也有不利的方面，那就是互相干扰和抑制的问题。英语教师需要考虑如何让学生母语学习能力正迁移到英语学习中来，而尽力控制负迁移；同时教授、引导学生形成有效的英语学习策略。在具体的作业设计中，需要注意：①利用他们优秀的记忆力，通过听唱歌曲、押韵诗、看动画、图片、亲手画画、制作等动口、耳、眼、手等方式帮助他们习惯学习英语、喜欢学习英语，熟悉并逐步掌握复述的学习策略，熟练掌握英语的发音特点，记忆基本的词汇。就英语学习而言，初学阶段，掌握正确的发音和发音方式对未来的学习有着极其重要的意义。②积极监控。比如，学期开始，建立家长练习本，要求学生在家里完成作业后，家长检查后签字，以此督促学生养成认真做作业的习惯。③及时、积极的评价有助于保持他们的学习动机。如布置作业让学生回家教家长唱在学校学的英语字母歌，第二天的课堂上请学生再演示，以检查学生的完成效果，并给予肯定的评价；如果发现学生发音不正确的地方，采取合适的方式及时纠正；④引导学生采用单词归类等方式总结回忆所学，建议他们用图画或视觉想象的方式来记忆所学。比如对空间介词的记忆，给出 bed, teddy bear, desk, flower 等词汇，要求学生设计自己的房间，并解释每件物体所在的位置。在一位学生向其他同学介绍时，要求其他同学仔细听，并根据所介绍的内容画出汇报同学所设计的房间图。⑤自我调节能力的培养。在布置作业时，给出作业的要求和方法，引导学生去学习。如布置预习作业时，要求学生以下画线的方式标出自己不理解的内容；给出问题，让学生在完成问题的过程中达到作业要求；作业时，给出简单的评价标准，让学生自评。

2. 初中时期

学习动机。性别意识增强，对适合自己性别的活动感兴趣；掌握学业知识的能力感和内部动机显著降低；重视与长期目标和高成功相关的活动；对某些科目的价值观减弱，重视与同伴的交往，希望留下好印象。

思维。该阶段的认知特点与皮亚杰的形式运算思维阶段一致。能运用抽象、合乎形式逻辑的方式思维。虽然此阶段学生的抽象逻辑思维开始占优势，但还是需要感性经验的直接支持。逐步发展辩证和批判性思维，但不成熟，思维具有片面性和极端性特点。林崇德等人的研究表明，初二年级是中学阶段思维发展的关键期，中学阶段思维品质具有矛盾的特点，具有显着的独立性和批判性，但同时又往往会流于片面和表面化。

记忆。能主动地有意识记，不再仅仅依靠教师或家长的要求来确定目标和任务；开始主动确定目标并找到相应的方法来记忆。

学习策略。复述作为一个学习策略占主导地位；会使用分类的方式组织信息；更具抽象性和灵活性；开始有意使用精细加工的学习策略。

元认知。有学习策略但效果不好，如知道记笔记，但效果很差；很少或者根本不对自己进行理解监控；关于某一主题的知识在很大程度上包含了对于零散事实的积累；认识到知识的主观性和矛盾性；对于不同学科领域的差异有了明显的区分能力。

自我调节。计划未来的能力增强；掌握部分自我调节的学习策略，尤其是那些和外向行为有关的策略，如可以遵守作业时间，按时交作业；会自我激励和鞭策，如设法让枯燥的事显得有趣等；在迷茫时的求助行为减少，自我控制力明显加强；但在没有外部要求的条件下，自我控制能力依然较弱，如有决心而无行动，有计划而难以持久；社会交往意识增强，珍惜朋辈友谊与看法，而淡化教师和家长的作用和意见。

对作业的启示。①需要布置一些独立完成的作业，并提供日程表、评价标准等来帮助他们学习；②选择不同的作业形式给学生，从难度上满足不同水平的学生学习的需要。③教授和示范有效的策略，提供工具和机会帮助学生学习，如应该如何记笔记等；④明确要求学生反思他们的学科信念，如英语学习是不是只需要死记单词就可以成功？⑤给学生自评的机会，以及让学生将自评和教师的评价相比较以便了解自己的学习问题。

3. 高中时期

思维。抽象思维占优势，基本形成辩证思维。而且，辩证思维能力会逐步加强，归纳、演绎推理的正确率提高。

记忆。对于机械内容，会采取一些记忆术来帮助。能独立提出较长远的记忆任务，选择相应的方法；能自我检查效果，总结经验教训，以便更好地提高记忆效果。

学习策略。部分学生，尤其是成绩差的学生，仍然很依赖复述这个学习策略；而善于学习的学生在学习新材料时，往往使用精细加工和组织学习策略。

元认知。知道在什么情况下使用什么学习策略更加有效，但不完善；掌握了更多的内隐学习策略，如有意的精细加工、理解监控等；知道掌握一个主题或技能需要时间和联系，而不是依靠速成和天生的能力；少数学生开始理解应该基于证据和逻辑的基础去评价相互矛盾的观点。

自我调节。学生有更长期的目标，能更准确地评价自己的学习和成绩，但评价时，往往会从有利方面评价自己；有着较丰富的自我调节学习能力，能够开展学习活动，想办法解决自己的学习难题；行动的自觉性和计划性逐步增强。

对作业的启示。①布置的作业应该是略微复杂的、能激发学生独立思考的任务；提供必要的结构指导；②作业要有意义，要和学生长期的个人和职业目标联系起来；③合作学习，可以提供同伴间互相学习的机会；④反思学习。让学习较为成功的学生分享他们的学习经验。

四、作业分析与举例

英语教学中，课外作业一般是以课前预习或者课后复习的任务出现。一般以教材为主导，以语言知识的巩固为中心来设计听说读写的活动，期望能协同课堂教学一起达到培养学生综合运用语言能力的课程目标。

1. 从技能的角度

学生学习英语，首要目的是能够用这门语言进行听说读写活动。这些能力的获得是以语音、词汇、语法等语言知识为基础的，语言知识的熟练程度越高，语言使用能力的可能性越大，但单纯地为掌握语法而进行语法操练，不是将语法放在真正的交际语境中学习，这样的学习是低效或者无效的，为此，很多教师在布置作业时是按照听说读写的技能目标来布置作业。

听力类（或视听类）作业。传统上，我们把听力分为精听和泛听两种。随着互联网时代的深入，单纯的"听"几乎可以为"视听"所替代。图文并茂的视听资源极其丰富，教师如果能用心选取，并推荐给学生，这将有助于提高学生的学习兴趣和学习效果。传统上，我们还是要求学生精听课文，要求反复听录音并跟读模仿，以便学习正确的语音语调，同时也是强化词汇学习，促进词汇记忆的一种方式。这种方式在小学英语、中学英语、高中乃至大学英语中会受到重视。而随着学生英语能力的提高，他们逐渐有能力也需要增加听的内容来扩大接触英语、运用英语的机会，泛听正是满足学生的这种需求而存在。泛听的内容可以帮助学生开阔视野和见闻，同时在通过听来获取信息的过程中，让学生有更多的机会适应不同场景、不同口音、不同背景的发言者的说话方式，这样才能真正地具有良好的听力技能。在布置听力作业时，教师要建议精听和泛听的材料、方法和策略、应达到的标准。不是只要学生听了就够了，而是要向标准努力靠近，这样的听力练习才有效果。

说的作业（或者是口语作业）。包括前面提到的听说作业，这也是一种练习学生口语的方式，这种方式重在训练学生的语音、语调。对于初学英语者来说，如果开始接触新语言时就没能正确掌握方法，那种错误的发音方式一旦成为习惯，就很难改变。此外，为了帮助记忆，学生所常采用的复述策略，就是通过反复朗读的方式，有时还伴有边读边写，是英语学习中一种较为常用的记忆方式，也可以算是一种基础的口语训练方式。更多的口语作业形式是要求学生能够使用语言来表达意义。如角色扮演、电影配音、讲故事、复述故事、口头汇报、演讲、辩论，针对某一个主题收集材料后再向全班展示，目的在于创造机会让学生使用英语进行表达、交际，提高对语言的运用能力和学习语言的兴趣。

读的作业。阅读一直是我国英语学习者学习英语的主要方式，也是学校一直以来的教学重点。精读和泛读的重要性就不必赘述。在小学阶段，学生的阅读作业主要包括朗读课文，复习课文这样的阅读作业，可以算是一种精读作业；在小学高年级阶段，学生的阅读兴趣就会渐渐变得广泛，受制于英语水平，学生进行教材外的阅读作业可能在 7 年级、8 年级才渐渐开始，教师可以提倡并推荐学生从简单的阅读材料开始，如小故事、报纸等，然后逐渐引导学生阅读有深度和难度的内容，其目的在于增加接触英语的机会，同时增加知识，开阔视野。需要提醒的是，教师应该针对阅读作业提出要求，尤其是泛读文章。教材上的内容一般都是精读内容，从阅读理解到字词句的操练，教材编写者都进行了详细的规划，而泛读是容易被人忽略的。教师需要向学生推荐合适的阅读材料、引导阅读方式、确定阅读要求并给予积极的反馈，让学生在泛读的过程中体验到阅读的真正意义，在获得信息、开阔见闻的同时习得英语。教师可以推荐一些文化类的材料作为泛读内容，如《悦读联播：英美文化读本（中学第 1 册）、《中国文化读本》（英文版）等。学语言必须学习该语言所隶属的文化，学英语文化的同时，比较中国的文化，可以更好地理解两国的语言、文化和思维，培养跨文化的意识和爱国热情，同时，这些泛读材料中所呈现的信息正好弥补了因课堂学时有限而导致文化教学不足的缺憾。除推荐材料之外，教师还应该给学生提供类似阅读笔记的框架，培养学生的阅读习惯，并安排一定的课堂时间用于阅读交流，这样才能使得阅读作业真正有效。

写的作业。此处的"写"的作业，并不只是指"写作"，而是包括所有的笔头作业或者是书面作业。常见的形式有要求学生抄写单词、句子、课文，用这种方式来强化记忆；在学习语法项目之后，要求学生进行书面的句型练习，如把一般现在式改为过去式；填入正确的时态；在学习相关主题的词汇和语法后，进行相关的创作练习，如利用单词写一段话；概括文章、改编课文、续写故事、评论文章、命题作文或者自由创作等。这些作业的目的在于，记住单词的拼写，使用正确、准确的语法形式来表达意义，直到能用语言自如地表达富有新意的思想。多数写作作业重语言形式的训练，而对语言所表达的思想重视不足。在作文评价中，往往语言形式的比重大于内容的比重，所以造成学生背模板、背套话的八股文现象。教师在布置写作练习时，应该给出评价的标准，让学生按照标准先自查，然后对照教师的评价，这样也能促进学生的学习。

2. 教材的使用

课外作业一般是作为课堂教学的延伸，所以围绕教材来设计和组织作业，几乎是所有教师的不二选择。对教材的利用，大致可以归纳为如下几种方式：

1）复述与模仿

（1）背诵单词。学习短语，复述课文，抄写单词等主要采取复述的方式达到记忆的目的。

（2）角色扮演。将教材上的对话分角色表演出来，让学生模仿交际中的语音、语调，体验口语交际的过程，在过程中理解所学语言传递的意义，包括语音、语调、词汇及语法在交际中的表意功能，同时也达到记忆的目的。

（3）仿照课文编写。如模仿教材中关于购物的对话、天气预报等内容，结合学生生活和所学过的词汇编写相似内容并在课堂展示，让学生熟悉、记忆表达方式、词汇等，并逐渐迁移到相似的其他语境中。

(4)要求学生仿照教材把词汇、句型等编成歌曲、韵律诗等，帮助学生记忆。

2)转换

(1)语法转换。比如，学了过去时后，要求学生改编课文，可将现在时编写的课文改编成在过去某个时间发生的事，以此来训练学生的语法能力。

(2)将课文变成对话并表演，如把 *Million Pound Bank Note* 改编成对话形式并表演出来。或者把对话改成一篇小短文，加深学生对课文的理解和对语言的掌握。

(3)将教材内容用图画、图表等形式呈现，如学习关于"family"的内容，要求学生根据文字内容画出家庭树；根据听到的指路信息画出路线图；小学阶段，学生会学习很多实词，教师可要求学生制作单词卡，在卡片的一面写上英文单词以及音标，而在另一面上以图画的方式表达该单词的意思。

3)学以致用

(1)在小学学了英语字母之后，要求学生在生活中寻找含有英语字母的商标，如 KFC，BMW 等，并能够大声读出来，增加对外语学习的兴趣。

(2)学完课文 My family 后，制作自己的 family tree，并向大家介绍自己的家庭成员。

(3)在学了与运动相关的活动之后，要求采访周边的朋友，调查他们喜欢参加或者经常参加的运动，并填入设计好的表格内，然后在课堂上进行交流。

(4)在学了食品主题之后，要求学生采访他人或者列出自己喜欢的食物，分析营养成分然后提出营养搭配的建议。

(5)在学了日月的表达法、祈使句等内容之后，编写日历、警示语等。

4)学习拓展

（1）创造性地使用所学的知识和技能。如自由写作，运用所学新词汇编写故事，续写故事等。

（2）综合其他学科知识。学习与环境相关的话题后，要求学生利用从各学科学到的相关知识，编写环境保护的手册。

（3）比较。学习文化内容后，进行中英文化的对比，包括空间介词、隐喻等，区分英语和汉语的差异和相同之处。

5）能力培养

（1）预习中，要求学生通过查字典的方式了解词汇的用法，让学生学会查词典、学会发音，做好预习工作。在现代社会，电子词典使用越来越多，教师可以通过作业让学生逐渐养成求助于现代化的教学资源的习惯。

（2）给出某一个课题，要求学生以小组合作的方式围绕课题去查找资料，整理资料，最后向全班汇报。这种活动既可以训练学生课下的分工、协调和合作的能力，又能使学生学会查找资源、甄别资源、整理和利用资源的方法。

（3）复习总结。定期要求学生完成复习作业，让学生养成复习的习惯。在复习时，可设计不同的复习训练形式，引导学生学会各种学习策略。

（4）学会反思。给学生提供反思的线索，要求学生回顾反思一段时期以来的学习过程和结果，并在课堂上分享其作业结果。

3. 作业案例

案例1：体现层次性的作业

NSEFC Book（1）Unit 1　Women of achievements 的作业

（1）Try to find out the great women and their achievements in this unit.

（2）Find out some adjectives to describe a great person.

（3）Write a paragraph about a great woman or the woman you respect the most.

请任选1项作业完成。

（来自《中学英语作业布置的有效性探究》，p. 98，有修改）

案例2：阅读报告

Reading Report

What is the title of your reading? _____

What level is it? _____

What genre is it? _____

What is it about?

Do you recommend it? (Choose one)

* Very much. Because _____ .

* If you like _____ , yes, I do. (genre)

* Not, really. Because _____ .

Other questions you should be ready to answer：

Where does the story take place?

What time period is it set in?

What is the story about?

How did you feel when you finished reading it?

What was the best/worst thing about the story?

Who was your favorite character?

How long did it take you to read?

（来自《如何设计课堂泛读活动》，pp. 95-96，有修改）

案例3. 阅读笔记

Title：_____

Author：_____

1. Characters (name and relationship in a brief way)

A _____

B _____

C _____

D _____

2. Setting：(a few words about when, place...)

A _____

B _____

C _____

D _____

3. Events：

A _____

B _____

C _____

4. Conflict：(problem and who was involved?)

A _____

B _____

5. Solution：(How did the problem work well out? Was there a lesson to learn?)

A _____

B _____

C _____

（来自《教育心理学精要》，p.98，有修改）

案例4：作文指导及自评、同伴评价清单

Unit 1   Writing Strategy

Using comparison and contrast in an essay writing（2）

1）Writing an insightful concluding remark. It seems natural to end a comparison and contrast paper with an insightful remark. The reason is clear. Comparing or contrasting enables us to understand each of the two things more clearly....

2) Using transitional words and phrases. You can use the following transitional words and phrases to connect ideas.

For comparison (similarities): likewise, similarly...

For contrast (differences): unlike, however...

Checklist

Questions	My Answers	Classmate's Answers
1. Are your points of comparison significant enough to support the main idea in the essay?	_____	_____
2. Are appropriate transitional words used to help readers follow the writer's train of thought?	_____	_____
3. Is the essay rounded off with an appropriate concluding remark?	_____	_____
4. Are there any mistakes in spelling?	_____	_____
5. Are there any mistakes in grammar?	_____	_____

（来自《全新版大学英语：综合教程·学生用书3》，pp. 33-35，有删减）

案例5：单元回顾

In this unit

I have learned

Topic：_____

Information：_____

I can use

Vocabulary：_____

Grammar：_____

I think my performance is

5（excellent） 4（good） 3（satisfactory） 2（unsatisfactory）

1（poor）

Ask yourself if you scored only 2 or 1：

A）Why did I score badly?

B）What action should I take?

本章主要讨论了课外作业的相关问题，主要涉及课外作业的目的、布置作业的原则、布置作业的依据，并分析了教学中常用的作业形式的现状，最后提供了一些案例。

第八章 评价与反馈

一、评 价

教学评价或评估主要是提供学习的证据，反映学生的学习状况和教师的教学效果。斯考隆(2009)认为，评价作为一种工具，可以提供信息，表明学生努力达到标准的详细过程；评价作为一种教学工具，可以提供有关学生的优势和弱点方面的信息，为进一步的教学设计提供依据。[①] 有研究者提出三种评价观：对学习的评价(assessment of learning)、为学习而评价(assessment for learning)，以及评价即学习(assessment as learning)。对学习的评价就是我们常常说的终结性评价(summative assessment)，为学习而评价主要是指形成性评价(formative assessment)，而学习即评价主要关注学习者作为学习和评价的主体，培养自我监控、调节学习内容、过程和方法等方面的意识，以及师生之间、生生之间合作互评。现代教学中经常把"学习即评价"的观念融合在形成性评价中。为此，本章所涉及的评价主要包括形成性评价和终结性评价，尤其以形成性评价为主。

好的教学需要教师使用不同的评价方式和评价活动来促进学习。Herman(2012)认为，好教师所使用的评价模式是：评价的起始目标就是为了学生的学习；所采取的评价方式能帮助他们理解学生

---

① 斯考隆著. 教师备课指南——有效教学设计[M]. 陈超等译. 北京：中国轻工业出版社，2009：9.

和学习目标之间的距离；在收集到学生反应和分数构成的评价后，教师进行解读的目的是为了明白学生是怎么学习的，然后根据解读来改进教学。这个模式告诉我们，一个好的评价应该是：和学习目标紧密联系；激发学生展示与预期学习相匹配的反应；评价包含合适的评分机制，以便能可靠地解释学生的反应与目标之间的距离，提供可靠的、有效的证据来提高后续行动。①

1. 形成性评价与终结性评价的比较

重视中考、高考这类终结性考试并没有错，因为这些考试有着甄别、选拔的功能，关系着学生的未来，甚至可以看做人生中的一个重要转折点，所以，几乎所有的家庭、学生、学校都盼望在这样的考试中拿到最好的结果。那么，如何产生好的结果呢？应试教育的做法是将终结性考试的内容作为教学内容，用考试过程取代学习过程，因此，终结性考试本身的缺陷就逐渐变成了教学内容的缺陷、过程的缺陷，最终导致培养出来的人才的缺陷，比如，重认知发展，而忽视情感意志的培养，重视得到结果而忽略经历的过程。

什么是形成性评价？如果问任何一位老师：能否不通过书面考试而了解学生对学习内容的掌握程度？老师们一定会给出肯定的答复，如：向学生提几个问题，通过他们的答案就可以知道；观察他们的作业完成情况；观察学生在小组或者结对子活动中的参与程度与表现等，甚至观察学生的听课表情都能够在一定程度上了解学生对所教授内容的掌握程度。而这几种方式，是形成性评价的方式。可见，形成性评价，并非是离教师日常教学很遥远的、极少使用的方式，恰恰相反，形成性评价的很多方式一直存在于课堂教学中，是所有教师在教学中经常使用的方式，只要稍作改进和完善，这些方式就能很好地发挥形成性评价的作用。

关于形成性评价的定义，并没有完全统一的看法。罗少茜等（2015）在总结各方观点后给出了二语课堂中的形成性评价的定义：

---

① Herman, J. L. Assessment and the Improvement of Learning. 出自杨向东，崔允漷主编《课堂评价》[M]. 上海：华东师范大学出版社，2012：174-175.

"形成性评价是一种以评价为导向的课堂活动范式,它以评价者的判断能力为核心,要求评价者(教师、学生)采用、调整、设计各种适当的任务(课堂提问、任务、纸笔测试、档案袋等),系统地收集学生的信息(包括学习用品和学习过程),并用适当的评价工具(检查表、评分准则等)对信息进行评价分析和阐释,再反馈给评价者(教师、学生)用于调整教和学的过程,促进学生语言能力的发展。"①从上述定义中可以提炼出形成性评价的几个关键因素:

——师生共同参与;教师判断学生的学习信息,学生自我评判或者互相评判;

——收集学生学习的信息,能反映学习过程、学习程度的信息;

——参照具体的标准来判断、评价收集的信息;

——利用对学生信息的判断和评价,一方面改进教学,另一方面对学生提出反馈意见;让学生意识到自己的学习状况;

——提供的反馈信息要能帮助学生提高学习效率、改善学习方法;

——受益者是目前正在教授的学生,而不是今后教授的另一批学生。

形成性评价的重要性早已明确地写在《课标》中:"充分发挥评价的积极导向作用,体现学生在评价中的主体地位;依据课程目标要求确定评价内容和标准;注意评价方法的合理性和多样性;形成性评价要有利于监控和促进教与学的过程;终结性评价要注重考查学生的综合语言运用能力……"②如果教师能够深刻地理解形成性与终结性评价各自的特点,有效地利用它们,就会极大地提高教学效果。下表展示形成性评价和终结性评价的各自特征:

---

① 罗少茜,黄剑,马晓蕾著.促进学习:二语教学中的形成性评价[M].北京:外语教学与研究出版社,2015:13.

② 中华人民共和国教育部制定.义务教育《英语课程标准》(2011年版)[M].北京:北京师范大学出版社,2012:33-34.

	形成性评价	终结性评价
时间	教学开始前，教学过程中 相对定期进行	教学结束时 相对在一段较长时间后进行
实施者	教师、学生	上级部门、教师
内容、方式与形式	一般是一个单元等较少的内容 参照教学目标，对学习过程进行分析、评价 测试(诊断测试，临时测试)，问卷，检查表，档案袋；课堂或家庭作业，课堂讨论，课堂观察，课堂提问，日记等	一般是测查几个单元的学习 依据课程标准，对学习结果评判，打分 纸笔测试，尤其是标准化测试
主要功能	能反映学生个人进步 收集学生学习的反馈，提高教学水平 收集学习信息，及时调整学生的学习和教师的教学；补救或者有针对性地从学习信息中发现问题； 希望回答： 学生离最近的学习目标多远？ 什么阻碍他们达到目标？ 学生按教学预期有进步吗？ 若没按预期进步，存在哪些误解或者障碍？ 基于现状，下一步的教和学采取什么措施、活动来帮助学生？	可用于不同学生成绩间的比较 了解、判断学生学到的信息量及达到的水平，教师的教学效果；用于甄别、选拔 希望回答： 学生学了什么？ 可以得到多少分？ 学生是否达到水平？ 学生是否可以进入某一个阶段或项目学习？
特点	结果不太直观，但能及时发现学生的问题，并及时反馈 频率较高 根据学习证据或信息在教学中采取具有针对性的教学 让当前的学生受益	具有可以量化的信度和效度标准，较直观 具有一次性特点 从信息中得到的反馈会促使教师调整教学方法和活动，从而改进教学，但这些改进只能在未来的学生中实现并让未来的学生受益，而无法惠及当下的学生

续表

	形成性评价	终结性评价
对学习的影响	为保证学习过程与质量而进行评价，可以说是为学习而评价（assessment for learning） 不会对学生心理产生巨大压力	对学习的评价考试的内容和形式强烈影响教学内容和方法 考试的结果会被用来分析课程的优点和缺点、学生的长处与不足；提供学习机会 给学生、教师和学校带来巨大的心理压力

2. 形成性评价的要素和形式

Herman（2002）概括了成功的形成性评价包含的基本要素或基本过程①：

1）明确目标。教师清楚学习目标并且清晰地传递给学生；

2）确定标准。让学生清楚知道，达到目标的标准是什么，以便让他们知道何时、怎样达到目标，以及怎样才算成功；

3）选择问题。提出的问题应该能激发学生展示理解的证据和思考的质量，这样就能够确定他们的误解和学习障碍在哪里；

4）注重思维。探查学生的思维，清楚学生的问题之所在，运用激励法来帮助学生从现有状态过渡到更复杂的理解和专业化的状态；

5）有效反馈。提供描述性的反馈来帮助学生理解他们的难题所在。研究表明，要想使反馈有效，那就得让反馈集中在学生所从事的活动或任务上，并给学生提供建议、暗示或线索，而不是仅仅判断对错、给予分数或者提供奖励；

6）管理评价。运用收集的数据采取行动，如指导后续的教学和学习活动，这样的评价才是形成性的。

---

① Herman, J. L. Assessment and the Improvement of Learning. 出自杨向东、崔允漷主编《课堂评价》[M]. 上海：华东师范大学出版社，2012：174-175.

● **形成性评价的工具**

有很多方式获知学生实际掌握了多少学习内容，比如事件报告、观察、成长记录袋、测试、自我评价、口头展示（presentation）、访谈、日志、问卷（调查学生兴趣、态度、需求等）、家庭作业、表现性评价、同伴评价等，以下介绍几种方式：

1）课堂观察。当学生在进行小组、结对子或者独立作业时，教师在教室里走动，不时提供帮助或者鼓励，同时观察学生参与学习的状况。观察的目的是评价学生的学习表现，如交往能力、语言使用、参与程度、兴趣；以及学生对教学和教学活动的反应，如学生是否无法参与活动、是否脱离了任务、完成任务的时间太快或太慢、他们的表现是否表明他们懂得了学习内容等等。如果学生无法参与，教师要及时补救或修改活动。在观察前，教师要先计划并要有明确目的，用明确的清单来记录和测量。观察的指标需要和目标相一致，以此来记录学生的发展状况。此外，也可以以事件或案例的方式记录学生的行为表现，评价他们的社交能力和行为的发展变化。

2）作业评价。课堂或者家庭作业可以用来作为形成性评价的方式，但并不计入学生的正式成绩之中，作业的方式是为了促进学生理解所学的内容，教师对作业的评价主要是观察学生对所学内容的掌握程度，掌握很好的和不足的部分，并以此为根据调整教学，进行补救，还会针对学生的问题给出有效的判断和建设性的反馈。

3）突击测试（pop quiz）。这是为了测试学生的理解，相对于其他的方式而言，这个是比较正式的学习评价方式。但这样的小测验并不计入学生总成绩，采用的方式比较简单，占用的时间也不多，比如，直接将问题投影到 PPT 上，让学生看着题目进行书面作业。这种方式与终结性考试比较类似，可以用来考察学生完成阅读作业的情况，或者一个单元中几个不同的考查点的掌握情况，也可以作为帮助学生为终结性考试前做准备的方式。这种测试可以是形成性的，或者是终结性的，用来检查学生的理解状况，也可以用来决定是否可以继续学习新的内容。是形成性的还是终结性的评价取决于如何利用评价信息和对学生者的指导作用。

4) 诊断性测试。该测试用来了解学生当前的学习程度，以便确定教师对学生的教育程度是否合适，决定或调整即将开始的教学内容和方式。需要提醒的是，这种测试也只是一个诊断工具，并不会计入成绩，主要是用来帮助学生看到自己的现状，某方面学习上的强弱，为此，可以帮助学生减少焦虑，并在测试中表现出更准确的诊断结果。和突击测试一样，如果测试结果没有用来指导教师和学生的教和学，这也不是形成性评价。

5) 日志或者日记。要求学生定期写下他们对自己在学习进步上的想法和感受，包括喜欢或者不喜欢某项作业，作业时遇到的困难、困惑等，教师可以定期地通过查阅日记了解学生的学习状况，知道他们的教学计划是好还是不好，及时调整教学，同时也要针对学生在日记中反映的问题给出反馈，帮助学生解决学习问题。这种方式也可以帮助学生反思自己的学习过程，是培养学生自主学习能力的方式之一，也体现了"评价即学习"的评价观。虽然是日记类的记录，教师也需要给出框架，指导学生从哪些方面关注自己的学习，而不是任由学生记录一些不相关的内容。

6) 档案袋。这可以使教师有机会全面回顾学生一学期来在某门课程的进展情况，给学生一个连续的综合评价。档案袋可以包含学生的所有作业，或者学生作业中最好的和最不好的内容。利用档案袋，教师能够评价学生一学期来某门课程的进步状况，并做出综合评价。比如，英语课上学生的研究论文，包括笔记记录、提纲、草稿、修订稿和最后的成稿。评价中，教师要把档案袋作为一个整体来评价，而不只是对最后的定稿进行评价，以便观察学生的整个成长过程。

7) 表现性评价。该评价要求学生以表现作为一种方式来表明他们对学习材料的理解。这种表现包括实际的表现，如课堂辩论；或者是创造性的表现，如制作电视广告或者小册子。这些评价反映学生复杂的认知过程，以及他们的态度、社会技能等。表现性评价有明确的、详细的评价标准为学生提供关键信息，同时为他们指引努力方向。

3. 形成性评估的设计与反思

有效的评价需要精心设计。一般而言，评价是由教师发起的，学生只是被评价者，学生的主体地位是通过在评价中增加自评和他评的方式来达到。实际上，有研究者认为，如果教师能给学生多一点权利，让他们选择学习的内容和方式，甚至评价的形式与方式，能更好地促进他们的学习，更有可能使他们成为自主、独立的学习者。

如何设计评估，回答下列问题或许有助于教师思考：

1）教学的目标和标准是什么？

2）学生如何去证明他们的所学？

3）哪些评估资料是可以获得的？

4）如何记录评价得分，如何评价结果？

5）如何报告评估的结果？

6）对于没有达到水平的学生，如何增强额外的实践和提供后续的评价方式？

7）如何使用评价结果？

（来自《教师备课指南——有效教学设计》，p. 34，有修改）

教师不仅需要设计评估，还要反思评估，而且评估并不是孤立的行为，往往是和教学活动紧密联系的，为此，教师在反思教学的时候可以将教学活动和评价活动结合在一起反思，下列问题可以提供某种思路，让教师反思自己的教学是否能促进学生的学习发展，同时也能促进自己教学的提高。

1）列举出你课堂的 3 个优点

2）列举出你想改变的 3 件事情，如何改变？其结果会有什么不同？

3）关于教学内容的反思

—— 课程的主要目标是什么？

——学生对什么内容学得较好？证据是什么？

——学生对什么内容学得不好？证据是什么？

——将来你会做什么改变？

——内容有趣吗？是否适合课堂教学？

——学生是否具备必须的背景知识？

——将来如何完善此课？

4) 关于授课过程的反思

——我主讲了多少时间？

——学生讲了多少时间？

——教师和学生谁讲的多？为什么？

——是否有其他帮助学生学到更多知识的活动或方法？

——我在本课中如何激发学生？激发策略是否有效？证据是什么？

6) 一般性反思

——如何让一名优秀学生专心听讲？

——如何让一名后进生专心听讲？

——多数学生对本课的反应如何？证据是什么？

（来自《有效的学生评价》，p.16，有修改）

二、反　馈

加涅提出的影响内部学习过程的9个教学事件中，第8个事件是提供反馈和评价行为。该事件的目的是强化正确的、修正不正确的学习结果。学生的行为不一定能达到期望的目标，所以教师的反馈和评价显得尤为必要和重要。前面有关评价的部分也说明，成功的评价一定要有可靠的、有效的反馈。那么如何反馈才有效呢？可以尝试以下列举的一些技巧：

1. 小结。及时对学生的发言进行总结，让学生感到自己被理解，同时也让其他人能够更准确地理解发言者的看法。

2. 检查。用自己的话来解释你对学生观点的理解，或者让其他同学来澄清他（她）如何理解所学到的内容。这不仅能鼓励学生参与讨论，还可以督促其他同学仔细听讲。

3. 赞扬。在学生发言后，充分给予肯定。比如：这个想法很独特，还没有人从这个角度思考过。很高兴，你能得出这个看法。需要指出的是，这种肯定不是泛泛地"marvelous，great"这样的客套，而是真正地发现学生的闪光点并予以充分的肯定。

4. 阐述。针对学生的观点，提出一个例子进行佐证，或者提出一个新的视角，这样，发言者会觉得自己的观点起到了抛砖引玉的作用，也更积极地参与学习。

5. 加快节奏。当课堂出现沉闷，全班同学保持沉默时，教师可以加快节奏，使用幽默的话语或者挑起更多的讨论，如规定学生们在2分钟内提出多条改革意见，看谁提出的多；或者让每个同学挨个提出建议，但后面发言的同学不得重复已经说过的观点，必须添加新的观点。

6. 不同意。委婉指出学生观点中的不足，以引发更多更深的讨论，如：我知道你的出发点，但我不认为事情是你想的那样，可能还有另外一种原因……同学，能说出你的经历吗？

7. 调节。当学生之间的观点有差异时，可能会引发紧张的情绪，此时教师需要进行有效调节，比如，我认为你们说的都有道理，只是一个事情的两个方面，如果放在一起那就非常完整了。

8. 联系。教师要善于发现多个观点之间的联系，能够把多个学生的观点有机连接起来，并以符合逻辑的形式展现出来。比如，要求学生以比喻的方式说出老师在他们眼中的角色，包括：蜡烛、园丁、灯塔、登山者、向导、监视器……这些看似不相关联的比喻可以反映不同的师生关系：主动和被动(监视器)、牺牲与成就(蜡烛)、师生共生(园丁、向导、登山者)……通过这些归纳和联系，让每个学生看到自己观点的价值。

9. 改变。根据学生的反应，改变团队的构成，或者活动的方式。比如，在讨论"安乐死"的话题时，教师发现学生们发表的意见是基于不同的角色，为此，打乱原来的小组构成，依据"病人"、"病人亲属"和"医护人员"等几种角色分组，然后再进行讨论。

10. 总结。在听取学生发言时，教师要做好记录或者请两位同学担任秘书，记录同学们的发言，当学生发言完毕后，教师要对所有的观点进行总结，或者请担任秘书的同学进行总结，这不仅让学生看到教师对他们的重视，而且让学生学会专心听讲和做笔记。

　　本章讨论的重点是形成性评价与终结性评价的区别，形成性评价的要素和方式，以及可以在评价设计和反思方面为教师提供启发的问题清单，然后介绍了十种反馈的技巧。

附　　录

一、课堂教学行为调查表(TBI)

Teacher Behaviors Inventory

Course：　............................　Class time：　...........................

Instructor：　............................　Date：　　...........................

Instructions to Student：

In this inventory you are asked to assess your instructor's specific classroom behaviors. Your instructor has requested this information for purposes of instructional analysis and improvement. Please try to be both thoughtful and candid in your responses so as to maximize the value of the feedback.

Your judgments should reflect that type of teaching you think is best for this particular course and your particular learning style. Try to assess each behavior independently rather than letting your overall impression of the instructor determine each individual rating.

Each section of the inventory begins with a definition of the category of teaching to be assessed in that section. For each specific teaching behavior，please indicate the frequency with which he/she exhibits the behavior in question. Please use the following rating scale in making your judgments:

1 = almost never   + = should do more

2 = rarely   − = should do less

3 = sometimes

4 = often

5 = almost always

CLARITY: methods used to explain or clarify concepts and principles

1. Gives several examples of each concept ··· 1 2 3 4 5 + −

2. Uses concrete everyday examples to explain
   concepts and principles ······················· 1 2 3 4 5 + −

3. Fails to define new or unfamiliar terms ······ 1 2 3 4 5 + −

4. Repeats difficult ideas several times ········· 1 2 3 4 5 + −

5. Stresses most important points by pausing,
   speaking slowly, raising voice, and so on ··· 1 2 3 4 5 + −

6. Uses graphs or diagrams to facilitate explanation
   ·· 1 2 3 4 5 + −

7. Points out practical applications of concepts
   ·· 1 2 3 4 5 + −

8. Answers students' questions thoroughly ······ 1 2 3 4 5 + −

9. Suggests ways of memorizing complicated ideas
   ·· 1 2 3 4 5 + −

10. Writes key terms on blackboard or overhead screen
    ··· 1 2 3 4 5 + −

11. Explains subject matter in familiar colloquial language
    ··· 1 2 3 4 5 + −

ENTHUSIASM: use of non-verbal behavior to solicit students' attention and interest

12. Speaks in a dramatic or expressive way

    ·· 1 2 3 4 5 + −

13. Moves about while lecturing ··············· 1 2 3 4 5 + −

14. Gestures with hands or arms ··············· 1 2 3 4 5 + −

15. Exhibits facial gestures or expressions ··· 1 2 3 4 5 + −

16. Avoids eye contact with students ··········· 1 2 3 4 5 + −

17. Walks up aisles beside students ············ 1 2 3 4 5 + −

18. Gestures with head or body ················· 1 2 3 4 5 + −

19. Tells jokes or humorous anecdotes ········· 1 2 3 4 5 + −

20. Reads lecture verbatim from prepared notes

    or text ······································· 1 2 3 4 5 + −

21. Smiles or laughs while teaching ············ 1 2 3 4 5 + −

22. Shows distracting mannerisms ··············· 1 2 3 4 5 + −

INTERACTION: techniques used to foster students' participation in class

23. Encourages students to ask questions or make comments

    during lectures ······························· 1 2 3 4 5 + −

24. Criticizes students when they make errors

    ·· 1 2 3 4 5 + −

25. Praises students for good ideas ············ 1 2 3 4 5 + −

26. Asks questions of individual students ······ 1 2 3 4 5 + −

27. Asks questions of class as a whole ········· 1 2 3 4 5 + −

28. Incorporates students' ideas into lecture

    ·· 1 2 3 4 5 + −

29. Presents challenging, thought-provoking ideas

    ·· 1 2 3 4 5 + −

30. Uses a variety of media and activities in class

    ·· 1 2 3 4 5 + −

31. Asks rhetorical questions ·················· 1　2　3　4　5　+　−

ORGANIZATION：ways of organizing or structuring subject matter of the course

32. Uses headings and subheadings to organize
    lectures ···································· 1　2　3　4　5　+　−
33. Puts outline of lecture on blackboard or
    overhead screen ························· 1　2　3　4　5　+　−
34. Clearly indicates transition from one topic to
    the next ······························· 1　2　3　4　5　+　−
35. Gives preliminary overview of lecture at the
    beginning of class ····················· 1　2　3　4　5　+　−
36. Explains how each topic fits into the course
    as a whole ···························· 1　2　3　4　5　+　−
37. Reviews topics covered in previous lectures
    at the beginning of each class ············ 1　2　3　4　5　+　−
38. Periodically summarizes points previously made
    ···································· 1　2　3　4　5　+　−

PACING：rate of presentation of information, efficient use of class time

39. Dwells excessively on obvious points ······ 1　2　3　4　5　+　−
40. Digresses from major theme of lecture ··· 1　2　3　4　5　+　−
41. Covers very little material in class sessions
    ···································· 1　2　3　4　5　+　−
42. Asks if students understand before proceeding
    to next topic ·························· 1　2　3　4　5　+　−
43. Sticks to the point in answering students' questions
    ···································· 1　2　3　4　5　+　−

DISCLOSURE：explicitness concerning course requirements and grading criteria

44. Advises students as to how to prepare for tests or exams

  ·· 1 2 3 4 5 + –
45. Provides sample exam questions ············· 1 2 3 4 5 + –
46. Tells students exactly what is expected of

  them on tests, essays or assignments ········· 1 2 3 4 5 + –
47. States objectives of each lecture ············· 1 2 3 4 5 + –
48. Reminds students of test dates or assignment

  deadlines ····································· 1 2 3 4 5 + –
49. States objectives of course as a whole ······ 1 2 3 4 5 + –

SPEECH: characteristics of voice relevant to classroom teaching
50. Stutters, mumbles or slurs words ········· 1 2 3 4 5 + –
51. Speaks at appropriate volume ··············· 1 2 3 4 5 + –
52. Speaks clearly ······························· 1 2 3 4 5 + –
53. Speaks at appropriate pace ·················· 1 2 3 4 5 + –
54. Says "um" or "ah" ························· 1 2 3 4 5 + –
55. Voice lacks proper modulation (speaks

  in monotone) ······························· 1 2 3 4 5 + –

RAPPORT: quality of interpersonal relations between teacher and students
56. Addresses individual students by name ··· 1 2 3 4 5 + –
57. Announces availability for consultation outside

  of class ····································· 1 2 3 4 5 + –
58. Offers to help students with problems ······ 1 2 3 4 5 + –
59. Shows tolerance of other points of view ··· 1 2 3 4 5 + –
60. Talks with students before or after class

  ·· 1 2 3 4 5 + –

(*Form* Murray, H. G. Low-inference Classroom Teaching Behaviors and Student Ratings of College Teaching Effectiveness. *Journal of Educational Psychology*, 1983 (75): 138-149.)

(下列问卷是笔者根据 TBI 修改并经过数据检验的英语教师课堂行为调查表)

英语教师课堂行为调查

本问卷意在了解教师的课堂行为和教学效果，以便广大教师更好地研究并改进教学。请根据自己的学习经历，如实回答以下问题。你的回答仅用于本研究，所有关于你的信息都会保密，不会对你的英语成绩及其他方面造成任何影响。期待得到你的帮助，谢谢!

A. 你认为你的老师有以下课堂行为的频率是_____(请在对应的数字上画圈)。

1=几乎没有　2=较少　3=有时　4=经常　5=几乎总是

如果你希望该行为"增加"或"减少"，请在对应的符号上画圈；若无需增减，可不填。

"+"= 希望增加该行为　　　　"-"= 希望减少该行为

讲解	1	用地图、照片、视频等真实材料讲解语言、文化等学习内容	1 2 3 4 5 + -
	2	用日常生活中的具体例子来讲解内容	1 2 3 4 5 + -
	3	用停顿、放慢语速、提高声音、重复等方式强调重点	1 2 3 4 5 + -
	4	在黑板或者屏幕上展示重点内容	1 2 3 4 5 + -
	5	指出学习内容的现实意义	1 2 3 4 5 + -
	6	用简明易懂的英语解释教学内容和任务	1 2 3 4 5 + -
	7	解答学生的难题，给出学习方法或建议	1 2 3 4 5 + -
引起注意	8	发音清楚，语调自然，讲话富有表现力	1 2 3 4 5 + -
	9	讲课时会走到学生中间	1 2 3 4 5 + -
	10	讲课时与学生有眼神的交流	1 2 3 4 5 + -
	11	讲课照着 PPT 课件、讲稿或者课本读	1 2 3 4 5 + -
	12	在黑板或屏幕上展示教学内容概要或者要完成的学习任务	1 2 3 4 5 + -
	13	课堂上讲与教学内容相关的笑话或趣闻轶事	1 2 3 4 5 + -

续表

鼓励参与课堂	14	学生出现语言错误时，教师立刻纠正	1 2 3 4 5 + −
	15	学生无法用英语正确表达思想时，教师给予帮助和鼓励	1 2 3 4 5 + −
	16	当学生提出好的观点和看法时，老师表扬学生	1 2 3 4 5 + −
	17	教师点单个学生回答问题	1 2 3 4 5 + −
	18	教师对全班提问	1 2 3 4 5 + −
	19	教师提出的观点或问题富有挑战性、引人深思	1 2 3 4 5 + −
	20	上课使用多媒体，设计小组、结对子、演戏、讲课等多种活动	1 2 3 4 5 + −
	21	上课不对学生提问，整节课只有教师的声音	1 2 3 4 5 + −
组织教学	22	教学内容有标题或小标题引导	1 2 3 4 5 + −
	23	要教学的内容以提纲的形式显示在黑板或者屏幕上	1 2 3 4 5 + −
	24	上课之初介绍将要学习的内容	1 2 3 4 5 + −
	25	每次上课，首先回顾上次学过的内容	1 2 3 4 5 + −
	26	以小组、结对子等进行课堂活动后，对活动进行总结或评价	1 2 3 4 5 + −
	27	对作业、考试等进行总结或评讲	1 2 3 4 5 + −
信息量	28	上课偏离教学内容主题	1 2 3 4 5 + −
	29	上课的信息量少	1 2 3 4 5 + −
	30	对容易的内容讲解太多	1 2 3 4 5 + −

二、教学效果评价表(基于 SEEQ)

以下是根据 Marsh, H. W. 提出的 SEEQ (Students' Evaluations of Educational Quality，教育质量学生评价量表)修改并经过数据检验的效果评价表：

学习价值	1	启发了我的思想	1 2 3 4 5
	2	我从中学到了一些有意义、有价值的内容	1 2 3 4 5
	3	我运用英语的能力提高了	1 2 3 4 5
	4	我的英语学习兴趣提高了	1 2 3 4 5
	5	我的自信心提高了	1 2 3 4 5
	6	我学会了一些英语知识，如英语词汇知识等	1 2 3 4 5
	7	我学会了一些英语学习策略或者方法	1 2 3 4 5
	8	我了解了更多的外国文化	1 2 3 4 5
教学热情	9	教师对英语教学充满热情	1 2 3 4 5
	10	教师上课精神饱满，充满活力	1 2 3 4 5
	11	教师对英语语言和文化充满热情	1 2 3 4 5
	12	教师的教学风格能促进我对英语的学习兴趣	1 2 3 4 5
组织清晰	13	教师的讲解清楚	1 2 3 4 5
	14	教学内容准备充分，讲解细致	1 2 3 4 5
	15	预定的教学目标与实际教学一致，所以我知道教学的进展	1 2 3 4 5
	16	课堂上容易做笔记	1 2 3 4 5
互动	17	英语课堂活动有趣，参与度高	1 2 3 4 5
	18	教师鼓励学生提问或发表意见	1 2 3 4 5
	19	课堂活动适合我的英语水平	1 2 3 4 5

1＝很不赞同　2＝不赞同　3＝一般　4＝赞同　5＝非常赞同

知识面	20	教师介绍教材以外的内容	1 2 3 4 5
	21	教师将教学内容与现实生活联系起来	1 2 3 4 5
师生关系	22	教师对学生很友好	1 2 3 4 5
	23	课堂内外，教师乐于帮助学生	1 2 3 4 5
	24	教师真正关心学生	1 2 3 4 5
	25	课堂内外，学生能方便地找到老师求助	1 2 3 4 5
作业评价	26	教师对作业的评判或者测试后提供的反馈很有价值	1 2 3 4 5
	27	评价学生的方式公正、恰当	1 2 3 4 5
	28	考试内容一般是学习的重点内容	1 2 3 4 5
	29	教师布置的作业很有价值	1 2 3 4 5

	30	总的来说，我认为这门课	1 2 3 4 5
		1. 很差　　2. 差　　3. 一般　　4. 好　　5. 很好	
	31	与其他授课的老师相比，我觉得英语老师	1 2 3 4 5
		1. 很差　　2. 差　　3. 一般　　4. 好　　5. 很好	
	32	相比于其他课程，英语课	1 2 3 4 5
		1. 很难　　2. 难　　3. 一般　　4. 容易　　5. 很容易	
作业评价	33	和其他课程相比，英语的作业量	1 2 3 4 5
		1. 很大　　2. 大　　3. 一般　　4. 小　　5. 很小	
	34	相对于其他课程而言，英语课程的节奏	1 2 3 4 5
		1. 很慢　　2. 慢　　3. 一般　　4. 快　　5. 很快	
	35	你每周课外学习英语的时间是	1 2 3 4 5
		1. 0~2 小时　2. 3~5 小时　3. 6~8 小时　4. 9~11 小时	
		5. 12 小时以上	
	36	在学本课程之前，你对英语的兴趣	1 2 3 4 5
		1. 很弱　　2. 弱　　3. 一般　　4. 强　　5. 很强	

（SEEQ 原表来自 Marsh, H. W. SEEQ: A Reliable, Valid, and Useful Instrument for Collecting Students' Evaluations of University Teaching ［J］. *British Journal Educational Psychology*, 1982(52)：138-149.）

三、篇章连接词总结

Cause, condition or result signals：as, because, but, consequently, due to, for, from, if, in that, resulting from, since, so, so that, that, then, therefore, thus, unless, until, whether, while, without, yet

Comparison-contrast signals：also, although, analogous to, and, best, better, but, conversely, despite, different from, either, even, even though, half, however, in/by contrast, in spite of/despite, instead of, less, less than, like, more than, most, much as, nevertheless, on the contrary, on the other hand, opposite, or, otherwise, rather, same, similar to, still, then, the opposite, though, too, while, worse, worst, yet

Conclusion signals: as a result, consequently, finally, from this we can see, hence, in closing, in conclusion, in sum, in summary, last of all, therefore

Continuation signals: a final reason, again, also, and, and finally, another, first of all, furthermore, in addition, last of all, likewise, more, moreover, next, one reason, other, secondly

Emphasis signals: above all, a central issue, a distinctive quality, a key feature, a major development, a major event, a primary concern, a significant factor, a vital force, by the way, especially important, especially relevant(valuable), important to note, it all boils down to, more than anything else, most noteworthy, most of all, of course, pay particular attention to, remember that, should be noted, the chief outcome, the crux of the matter, the most substantial issue, the principal item

Example signals: for example, for instance, in the same way as, much like, similar to, specifically, such as, to illustrate

Hedging signals: alleged, almost, could, except, if, looks like, maybe, might, nearly, probably, purported, reputed, seems like, should, some, sort of, was reported

Non-word emphasis signals: bold type, exclamation point, italics, graphic illustrations, numbered points (1, 2, 3), quotation marks, underlining

Sequence signals: A, B, C; after; always, before; during, earlier; first, second, third; in the first place; last; later; next; now; o'clock; on time, since; then; until; while

Spatial signals: about, above, across, adjacent, alongside, around, away, behind, below, beside, between, beyond, by, close to, east, far, here, in, in front of, inside, into, left, middle, near, next to, north, on, opposite, out, outside, over, right, side, south, there, toward, under, upon, west

Time signals: after, after a while, already, at the same time, during, final, following, immediately, lately, little by little, now, once, then, when

（来自 Teaching and Research Reading, p. 223，有修改，配合第三章内容）

四、阅读相关总结

阅读策略	阅读促进教学的方法	理解复杂课文的策略	一般的文章类型
确定阅读目的； 计划阅读步骤； 预习； 预测内容或课文的部分内容； 检查预测； 自己对阅读文章提问； 找到自己提出问题的答案； 把课文与背景知识联系起来； 概括信息； 做推论； 把课文各部分联系起来； 注意课文结构； 重读有关部分； 上下文猜测词义； 使用信号标志来识别关系； 检查阅读连接； 鉴别难点； 采取措施修复错误的理解； 评价作者； 评价内容； 评价目标是否达到； 反思学到了什么； ……	练习有效的概括策略； 使用图形的方式表现课文信息的组织方式； 鉴别出重要的词汇并学习词汇； 把信息和多种来源整合起来； 识别课文中的证据类型； 识别课文中标志的重要信息级别； ……	消除连接词，把长句分成 2~3 个或者更多的小句子； 提出问题：谁，什么，哪里，何时，怎样； 标记不熟悉的词； 鉴别连接词； 找到名词词组（中心词），消除前后修饰； 找到动词，使用"谁做了什么"的技巧来找到主语和谓语； 鉴别篇章信号词如所以、但是等，以帮助理清关系； 重读某段； ……	因果 分类 对比和对照 定义 描述 叙述 问题解决 程序

（来自 Teaching and Research Reading，有修改，配合第三章内容）

五、作业设计清单

Checklist

1. 作业的目的

2. 作业最后的结果是怎样的？学生知道吗？

3. 学生知道怎么做吗？能够完成吗？

4. 作业需要哪些资源？学生可能获得吗？需要得到他人帮助吗？谁来帮助？

5. 完成作业需要多长时间？是否足够？

6. 你将如何评价作业结果？

7. 你将如何使用作业结果？

8. 本次作业和前面的内容可否联系起来？

9. 作业可否和其他学科联系起来？

10. 作业量是否适合？

参 考 文 献

1. 主要参考文献：

Allen, P. & B. Harley.语言教学的问题与可选策略[M].上海：上海外语教育出版社,2002

Bamford, J. & R. R. Day 编.如何设计课堂泛读活动[M].北京：外语教学与研究出版社,2009

Dalton,S.S. Pedagogy. Matters：Standards for Effective Teaching Practice [R]. Center for Research on Education, Diversity & Excellence, 1998 http://escholarship.org/uc/item/6d75h0fz

Davies, P. & E. Pearse. 英语教学成功之道 [M].上海：外语教育出版社,2002

Gairns,R. & S. Redman. 如何提高词汇教学成效[M].北京：外语教学与研究出版社,2009

Grabe, W. & F. L. Stoller. *Teaching and Research Reading* [M].New York, Pearson Education, 2002

Hess, N. 如何教好大班英语课[M].北京：外语教育与研究出版社,2008

Herman, J. L. Assessment and the Improvement of Learning.出自杨向东,崔允漷主编《课堂评价》.上海：华东师范大学出版社,2012：174-175

Marsh,H. W. SEEQ：A Reliable, Valid, and Useful Instrument for Collecting Students' Evaluations of University Teaching. *British Journal of Educational Psychology*,1982(52)：138-149.

Mikulecky, B. S & L. Jeffries. *More Reading Power* [M]. Mass.：Addison-

Wesley Publishing Company,1996

Murray, H. G. Low-inference Classroom Teaching Behaviors and Student Ratings of College Teaching Effectiveness. *Journal of Educational Psychology*, 1983(75): 138-149

National Standards in Foreign Language Education Project. Standards for Foreign Language Learning in the 21st Century[Z]. Lawrence, KS: Allen Press, Inc. 2006

Nattinger, J. R. & J. S. DeCarrico. 词汇短语与语言教学[M]. 上海: 上海外语教育出版社, 2000

Segalowitz, N. Cognitive Bases of Second Language Fluency[M]. New York, Routledge, 2010

Ur, P. 如何通过课堂活动教语法[M]. 北京: 外语教学与研究出版社, 2009

安德森等编著. 布卢姆教育目标分类学(修订版)[M]. 蒋小平等译. 北京: 外语教学与研究出版社, 2009

奥姆罗德著. 教育心理学精要(第3版)[M]. 雷雳等译. 北京: 中国人民大学出版社, 2013

鲍里奇著. 有效教学方法(第4版)[M]. 易东平译. 南京: 江苏教育出版社, 2002

布卢姆等著. 教育目标分类学 第二分册 情感领域[M]. 施良方等译. 上海: 华东师范大学出版社, 1989

程红, 张天宝. 论教学的有效性及提高策略[J]. 中国教学学刊, 1998(5)

崔允漷. 有效教学: 理念与策略(上)[J]. 人民教育, 2001(6)

崔允漷主编. 有效教学[M]. 上海: 华东师范大学出版社, 2009

戴曼纯, 魏淑兰. Michael Long 论二语习得研究中的问题[J]. 外语电化教学, 2007(5)

德里斯科尔著. 学习心理学——面向教学的取向(第3版)[M]. 王小明等译. 上海: 华东师范大学出版社, 2008

高慎英.《有效教学的新思路》[M]. 济南: 山东教育出版社, 2011

国际21世纪教育委员会联合国教科文组织总部中文科译. 教育——

财富蕴含其中[M]. 北京：教育科学出版社，1996

贾爱武，钱晓霞. 澳大利亚中小学外语优秀教师专业标准解析[J].
外国中小学教育，2012(11)

加涅著. 学习的条件和教学论[M]. 皮连生等译. 上海：华东师范大
学出版社，1999

拉森·弗里曼著. 语言教学——从语法到语法技能[M]. 董奇译. 北
京：北京师范大学出版社，2007

李斌. 不愿主动学习是中国教育的大问题[N]. 中国青年报. 2011 年
10 月 10 日 03 版

李翠英，孙依娜. 国外英语教师能力标准对我国英语教师发展的启
示[J]. 外语界，2014(1)

李荫华等主编. 全新版大学英语《综合教程》学生用书 3[M]. 上海：
外语教学出版社，2008：33-34

林崇德主编. 发展心理学[M]. 北京：人民教育出版社，2009

刘正光. 认知语言学的语言观与外语教学的基本原则[J]. 外语研究，
2010(1)

罗少茜，黄剑，马晓蕾著. 促进学习：二语教学中的形成性评价
[M]. 北京：外语教学与研究出版社，2015

马丁，瑞戈鲁斯著. 情感领域的教育设计理论[J]. 张铮编译. 开放
教育研究，2004 年(1)

马洪亮. 合作学习的内涵、要素和意义[J]. 外国教育研究，2003
(5)

马扎诺著. 有效的课堂评价手册[M]. 邓妍妍等译. 北京：教育科学
出版社，2009

迈耶著. 教育心理学的生机——学科学习与教学心理学[M]. 姚梅
林等译. 南京：江苏教育出版社，2005

庞维国著. 自主学习——学与做的原理和策略[M]. 上海：华东师
范大学出版社，2003

任美琴著. 中学英语有效教学的一种实践模型[M]. 宁波：宁波出
版社，2012

束定芳. 外语课程教学中的问题与若干研究课题[J]. 外语教学与研

究(外国语文双月刊)，2014(5)

束定芳，庄智象著. 现代外语教学——理论、实践与方法(修订版)
　　[M]. 上海：上海外语教育出版社，2008

斯蒂芬森主编. 非常教师——优质教学的精髓[M]. 周渝毅等译. 北
　　京：中国轻工业出版社，2002

斯考隆著. 教师备课指南——有效教学设计[M]. 陈超等译. 北京：
　　中国轻工业出版社，2009

斯滕伯格著. 认知心理学(第3版)[M]. 杨炳钧等译. 北京：中国轻
　　工业出版社，2006

泰勒著. 课程与教学的基本原理[M]. 罗康译. 北京：中国轻工业出
　　版社，2008

王坦. 论合作学习的基本理念[J]. 教育研究，2002(2)

王艳. 中学英语作业布置的有效性探究[J]. 新课程学习，2012(8)

王维刚. 论"张思中教学法"的教育思想[J]. 黔南民族师范学院学
　　报，1999(2)

王颖华. 卓越教师专业标准的国际比较及其启示[J]. 西北师大学报
　　(社会科学版)，2014(4)

韦伯著. 有效的学生评价[M]. 国家基础教育课程改革"促进教师发
　　展与学生成长的评价研究"项目组译，北京：中国轻工业出版
　　社，2003

魏新强. 会话互动理论综述及在外语教学中的应用[J]. 外语电化教
　　学，2012(6)

希尔伯曼著. 积极学习——101种有效教学策略[M]. 陆怡如译. 上
　　海：华东师范大学出版社，2005

许明. 英国教师专业新标准述评[J]. 福建师范大学学报(哲学社会
　　科学版)，2012(4)

杨楠. 注意假说理论下的课堂语言博弈分析[J]. 齐齐哈尔大学学报
　　(哲学社会科学 版)，2010(5)

杨艳. 注意假设理论对语用教学解释力的实证研究[J]. 天津外国语
　　大学学报，2013(1)

杨向东，崔允漷主编. 课堂评价[M]. 上海：华东师范大学出版社，

2012

余文森，洪明，张蓉编著. 有效教学的理论和模式［M］. 福州：福建
　　教育出版社，2011

张治国. 美国四大全国性教师专业标准的比较及其对我国的借鉴意
　　义［J］. 外国教育研究，2009（10）

中华人民共和国教育部制定. 义务教育《英语课程标准》（2011 年
　　版）［M］. 北京：北京师范大学出版社，2012

朱晓红. 改变当前英语作业设计的有效对策［J］. 现代中小学教育，
　　2011（6）

2. 参考网站：

http：//2014hbwl. yanxiu. com/

https：//www. gov. uk/government/publications/teachers-standards

http：//www. aitsl. edu. au/australian-professional-standards-for-teachers/

http：//www. moe. gov. cn/publicfiles/business/htmlfiles/moe/s6127/
　　201112/127838. html

http：//news. 163. com/14/0523/08/9STSNO5800014AED. html

http：//news. sina. com. cn/s/2012-02-02/055723869459. shtml

http：//baike. baidu. com/link？ url = ELGNR2VzmjIVrirIUS7cEHJMBm
　　C1l35Sr242Pt5JmFXCAd-
　　JSZ5aHW1bDtvSlvQblbmaxMxNFaXhiLCMT1k14K

http：//www. kaipingqu. com/Article. asp？ id = 18113

http：//open. 163. com/movie/2015/3/5/B/MAIP2A8KC _ MAIPJJK5B.
　　html

http：//www. eslgold. com/speaking/information_gap. html

http：//finance. ifeng. com/money/roll/20130402/7854705. shtml

http：//www. dpfy. cn

http：//image. haosou. com/

http：//image. baidu. com/